IMRAN
CHORELY

دروس اللغة العربيّة (1)

لغير الناطقين بها

Arabic lessons

Compiled by:

Professor V. Abdur Rahim

English lessons & additional notes added by:

Muawiyah ibn (Mufti) Abdus-Samad

All rights reserved. No part of this publication may be reproduced, stored in a retrieval system, or transmitted in any form by means of electronic, mechanical, photocopying or otherwise, without the prior permission of the distributors.

British Library Cataloguing in Publication Data
A catalogue record for this book is available from the British Library.

Published & Distributed by:

Jamiatul Ilm Wal Huda
30 Moss Street
Blackburn
Lancashire, U.K.
BB1 5JT
T: 01254 673105
W: www.jamiah.co.uk
E: info@jamiah.co.uk

ISBN: 978-0-9556973-9-5

Printed by: Imak Ofset, Turkey

بسم الله الرحمن الرحيم

In the Name of God,
the supremely Merciful, the most Kind.

بِسْمِ اللهِ الرَّحْمن الرَّحِيْم

Introduction

To achieve a coherent understanding in any language, it is important to grasp the fundamental rules and increase the vocabulary within the subject. Similarly, to create a good understanding of the Arabic language and to create the ability of deriving and understanding this language, it is important to learn its rules, words and method of usage. Obviously the Arabic language gains its unique status as it is the language of the Qur'an and Hadeeth. Many sincere individuals wish to learn and understand the important messages of the Qur'an which are applicable to their daily lives. However, they do not have the capability of grasping the complete detailed grammatical rules. Therefore, as a result they are mostly deprived of gaining the pleasure and joy of the Qur'an by not understanding its meanings.

The Durus al-Lughah al-Arabiyyah series is the compilation of Professor V. Abdur Rahim. He designed this series for the programme of teaching Arabic in Islamic University of Madinah in 1969 (onwards) when he was assigned to teach Arabic Philology. In total he compiled three books for this series, the first book consisting of 23 lessons, the second book consisting of 31 lessons and the third book consisting of 34 lessons. The series is designed in such a manner that in enables an individual who had no connection with the Arabic language to start building his Arabic from the very basics. This is the first book which has 23 very basic, yet important lessons for an individual that intends to excel in Arabic.

Book 1 includes: Arabic phrases, names of countries, the beginning numbers in Arabic, Arabic day-to-day vocabulary, exercises to reinforce the lesson, with some later chapters consisting of discussions in Arabic. This version of Durus part 1 has additional notes for each chapter consisting of the main lesson and sub lessons discussed within each chapter. These additional notes should be studied prior to learning the chapter, as it will indicate to the learning objectives and aims of each chapter. Thereafter, when learning the chapter, the students should be asked to highlight the main lessons and sub lessons. I am greatly thankful to Professor V. Abdur Rahim who granted me permission to reproduce this valuable work with the additional notes.

Professor V. Abdur Rahim has many credentials, including: receiving the national award for 'outstanding Arabic scholar' in 1997 CE, he holds a Ph.D. Degree in Arabic Philosophy from the university of al-Azhar (Cairo), taught Arabic language in Islamic university of Madinah for 30 years, also taught Arabic language in the university of Omdurman, Sudan, in Germany and Washington D.C., he also held the position of Director of the Translation Centre at the 'King Fahd Glorious Qur'an Printing Complex, (Madinah, Saudi Arabia).

May Almighty Allah accept this effort, the effort of Professor V. Abdur Rahim; I further thank Almighty Allah upon the ability and understanding he has given. In addition, I thank all those individuals who have helped in the compilation. May Almighty Allah place this booklet in our scale of good deeds. We pray to Almighty Allah that he makes this booklet beneficial for the beginners and make it an easy guide for teaching and practising. Ameen.

Muawiyah Ibn (Mufti) Abdus-Samad Ahmed

الدَّرْسُ الأَوَّلُ

Lesson One

هَذَا (this)

اسم اشارہ قریب
close ↓

هَذَا بَابٌ	هَذَا مَسْجِدٌ	هَذَا بَيْتٌ
یہ دروازہ ہے	یہ مسجد ہے	یہ گھر ہے

هَذَا مِفْتَاحٌ	هَذَا قَلَمٌ	هَذَا كِتَابٌ
یہ چابی ہے	یہ قلم ہے	یہ کتاب ہے

هَذَا كُرْسِيٌّ	هَذَا سَرِيرٌ	هَذَا مَكْتَبٌ
یہ کرسی ہے	یہ جاردپائی ہے	یہ ٹیبل ہے

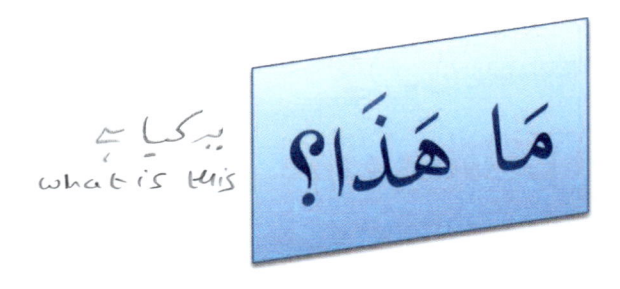

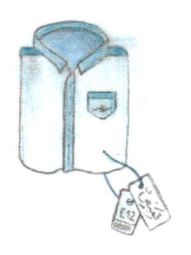

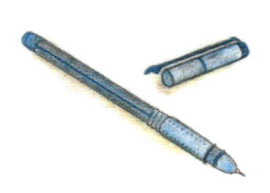

مَا هَذَا؟

مَا هَذَا؟

هَذَا بَيْتٌ.

أَهَذَا بَيْتٌ؟

نَعَمْ، هَذَا بَيْتٌ.

مَا هَذَا؟

هَذَا قَمِيْصٌ.

أَهَذَا سَرِيْرٌ؟

لَا هَذَا كُرْسِيٌّ.

أَهَذَا مِفْتَاحٌ؟

لَا، هَذَا قَلَمٌ.

مَا هَذَا؟

هَذَا نَجْمٌ.

تَمْرِيْنٌ (1)

Exercise – 1

مَا هَذَا؟

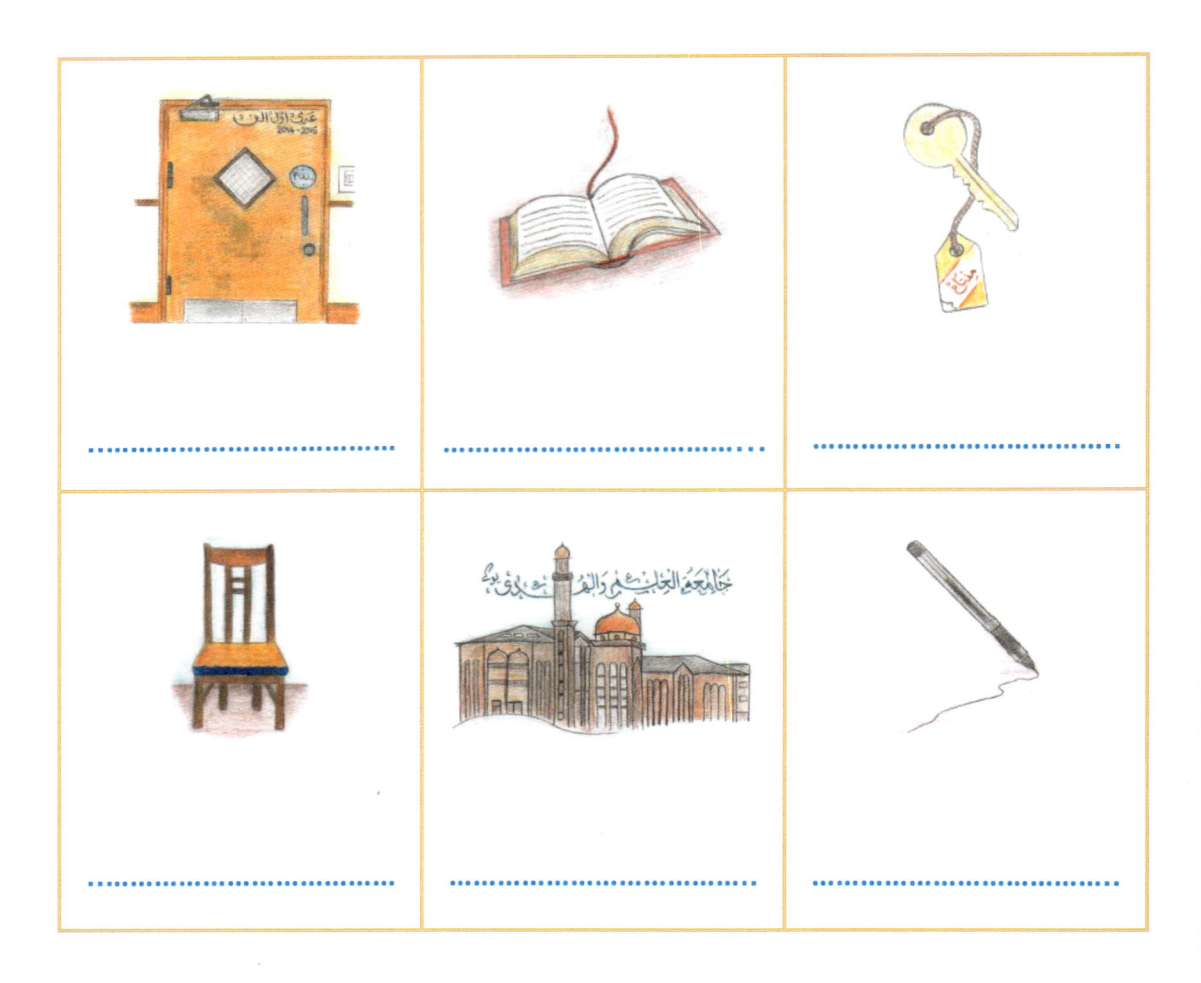

تَمْرِيْنٌ (2)
Exercise – 2

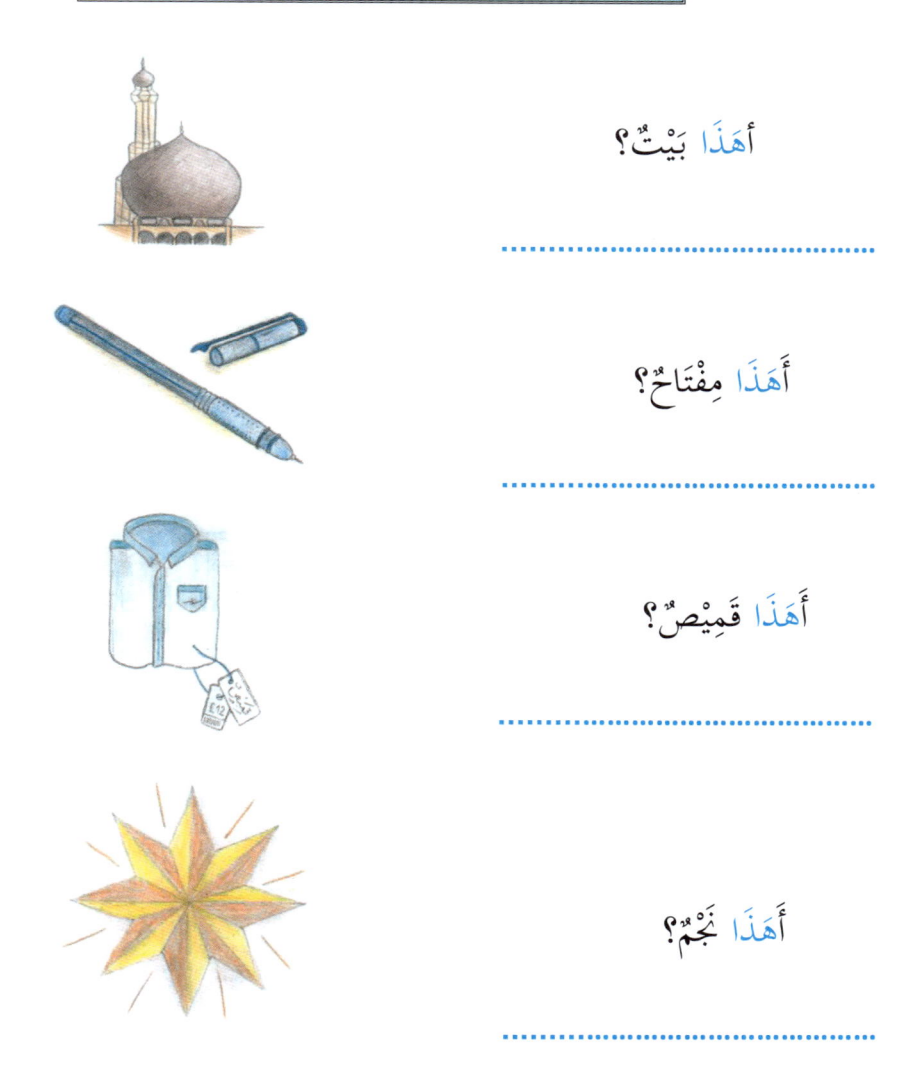

أَهَذَا بَيْتٌ؟

....

أَهَذَا مِفْتَاحٌ؟

....

أَهَذَا قَمِيْصٌ؟

....

أَهَذَا نَجْمٌ؟

....

تَمْرِينٌ (3)

Exercise – 3

اقْرَأْ وَاكْتُبْ — Read and Write

هذا مكتب.

....

هذا مسجد.

....

هذا قلم.

....

هذا سرير.

....

ما هذا؟

هذا كرسيّ.

....

أهذا بيت؟

لا ، هذا مسجد.

....

ما هذا؟

هذا مفتاح.

....

مَنْ هَذَا؟

یہ کون ہے؟

مَنْ هَذَا؟

هَذَا طَبِيْبٌ.

مَنْ هَذَا؟

هَذَا وَلَدٌ.

مَنْ هَذَا؟

هَذَا طَالِبٌ.

أَهَذَا وَلَدٌ؟

لَا ، هَذَا رَجُلٌ.

مَا هَذَا؟

هَذَا مَسْجِدٌ.

مَنْ هَذَا؟

هَذَا تَاجِرٌ.

هَذَا كَلْبٌ.

أَهَذَا كَلْبٌ؟

لَا ، هَذَا قِطٌّ.

هَذَا حِمَارٌ.

أَهَذَا حِمَارٌ؟
لَا ، هَذَا حِصَانٌ.

مَا هَذَا؟
هَذَا دِيْكٌ.

وَمَا هَذَا؟
هَذَا جَمَلٌ.

مَنْ هَذَا؟
هَذَا مُدَرِّسٌ.

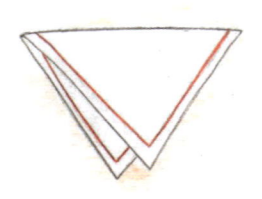

أَهَذَا قَمِيْصٌ؟
لَا ، هَذَا مِنْدِيْلٌ.

تَمْرِيْنٌ (4)

Exercise – 4

Read and Write

اقْرَأْ وَاكْتُبْ

ما هذا؟

هذا قلم.

هذا كلب.

....

من هذا؟

هذا طبيب.

هذا جمل.

....

أهذا ديك؟    لا ، هذا قطّ.   هذا منديل.

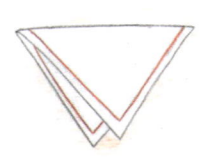

....

أهذا ديك؟    نعم.   هذا ديكٌ.

....

أهذا ولد؟    نعم.   هذا ولدٌ.

....

أهذا حصان؟    لا هذا حمار.

....

من هذا؟    هذا رجل.

....

Main lesson:

هذا

هذا means 'This'

- Used for **indicating** upon one **masculine** thing/person that is **close** by.
- It is pronounced as هاذا (*Hā tha*), with an *Alif* after the *Haa*, but it is **not** written with the *Alif*.
- It is called اسْمُ الإشَارَة (indicating noun) and the thing it indicates upon is called الْمُشَارُ إلَيْهِ .

Example:

هَذَا مَسْجِدٌ

المشار إليه → مَسْجِدٌ ; اسم الإشارة → هَذَا

This (close) is a masjid.

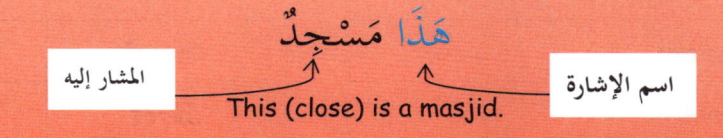

Sub lesson one:

تنوين (ً ٌ ٍ)

Arabic has no word which corresponds to the English 'a'. Instead the تنوين creates this meaning.

Example:

جَاءَ خَالِدٌ مَعَ كِتَابٍ

Khalid came with **'a'** book.

Tanween creates the meaning of 'a'.

NOTE: Any noun with a تنوين upon the last letter indicates it is نكرة (non-specific noun) EXCEPT proper nouns (for example people's names), they can also have تنوين.

NOTE: Not all تنوين will have the meaning 'a' in the translation. For example مَفْتُوْحٌ just means 'open'.

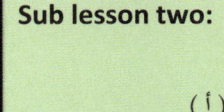

Sub lesson two:

(مَنْ) (مَا) (أ)

All 3 are used for questioning:

EXAMPLE	USED WHEN	
مَنْ هَذَا الرَّجُل	(1) Questioning regarding **an intelligent** being/thing (2) There is **NO** answer of نعم / لا (yes/no)	**مَنْ Who**
مَا هَذَا الكِتَاب	(1) Questioning regarding **a non-intelligent** being/thing (2) There is **NO answer** of نعم / لا (yes/no)	**مَا What**
أَ هَذَا كِتَابٌ نَعَم	(1) There is **an answer** of نعم / لا (yes/no), regardless of whether it is questioning regarding intelligent or non-intelligent things/beings.	**أ Is this**

NOTE: If the word after من / ما has (ال) upon it then ن of من will be pronounced with a *kasra* مَنِ and the (ا) in the ما will not be pronounced.

Vocabulary

Donkey	حِمَار	Masjid	مَسْجِد
Chair	كُرْسِيّ	Man	رَجُل
Rooster	دِيْك	Pen	قَلَم
Doctor	طَبِيْب	Cat	قِطّ
House	بَيْت	Bed	سَرِيْر
Student	طَالِب	Camel	جَمَل
Book	كِتَاب	Shirt	قَمِيْص
Dog	كَلْب	Handkerchief	مِنْدِيْل
Writing table	مَكْتَب	Child	وَلَد
Horse	حِصَان	Door	بَاب
Star	نَجْم	Businessman	تَاجِر
Teacher	مُدَرِّس	Key	مِفْتَاح

الدَّرْسُ الثَّانِيْ

Lesson Two

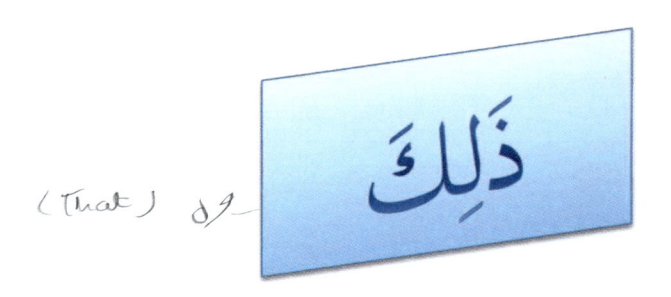

ذَلِكَ

(That)

مَا ذَلِكَ؟
ذَلِكَ نَجْمٌ.

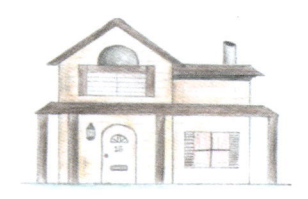

هَذَا مَسْجِدٌ وَذَلِكَ بَيْتٌ.

هَذَا حِصَانٌ وَذَلِكَ حِمَارٌ.

أَذَلِكَ كَلْبٌ؟ لاَ ذَلِكَ قِطٌّ.

مَا ذَلِكَ؟ ذَلِكَ سَرِيْرٌ.

مَنْ هَذَا وَمَنْ ذَلِكَ؟

هَذَا مُدَرِّسٌ وَذَلِكَ إِمَامٌ.

مَا ذَلِكَ؟ ذَلِكَ حَجَرٌ.

هَذَا سُكَّرٌ وَذَلِكَ لَبَنٌ.

تَمْرِينٌ (1)

Exercise – 1

Read and Write اقْرَأْ وَاكْتُبْ

هَذَا سُكَّرٌ وَذَلِكَ لَبَنٌ.

مَنْ ذَلِكَ؟ ذَلِكَ إِمَامٌ.

....

أَذَلِكَ قِطٌّ؟ لاَ، ذَلِكَ كَلْبٌ.

مَا هَذَا؟ هَذَا حَجَرٌ.

....

Main lesson:

ذَلِكَ

ذلك means 'That'

- Used for **indicating** upon one **masculine** thing/person that is **far** away.
- It is pronounced as ذالك, with an *Alif* after the *Zaa*, but it is **not** written with the *Alif*.
- It is called اسم الإشارة (indicating noun) and the thing it indicates upon is called المشار إليه.

Example:

ذَلِكَ مَسْجِدٌ

That (far) is a masjid.

(اسم الإشارة ← ذَلِكَ) (مَسْجِدٌ → المشار إليه)

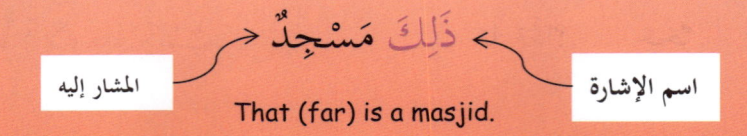

Sub lesson one:

وَ

- The و has a fathah (َ).
- This has many meanings, the most famous of which is 'AND'.
- The و is written close to the next word without a gap.

Example:

جَاءَ سَعِيْدٌ وَفَارُوْقٌ

Saeed **'and'** Farooq came.

(Notice the وَ is written close to فَارُوْقٌ without a gap inbetween)

Vocabulary

Imam	إِمَام
Stone	حَجَر

Sugar	سُكَّر
Milk	لَبَن

الدَّرْسُ الثَّالِثُ

Lesson Three

اَلْكِتَابُ   كِتَابٌ :   اَلْبَيْتُ   بَيْتٌ :

اَلْجَمَلُ   جَمَلٌ :   اَلْقَلَمُ   قَلَمٌ :

اَلْقَلَمُ مَكْسُورٌ.

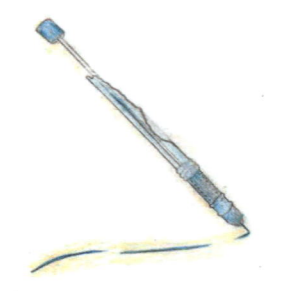

اَلْبَابُ مَفْتُوحٌ.

اَلْوَلَدُ جَالِسٌ ، وَالْمُدَرِّسُ وَاقِفٌ.

(1) اَلْكِتَابُ جَدِيدٌ وَالْقَلَمُ قَدِيمٌ.   (2) اَلْحِمَارُ صَغِيرٌ وَالْحِصَانُ كَبِيرٌ.

(3) اَلْكُرْسِيُّ مَكْسُورٌ.   (4) اَلْمِنْدِيلُ وَسِخٌ.

(5) اَلْمَاءُ بَارِدٌ.   (6) اَلْقَمَرُ جَمِيلٌ.

(7) اَلْبَيْتُ قَرِيبٌ وَالْمَسْجِدُ بَعِيدٌ.   (8) اَلْحَجَرُ ثَقِيلٌ وَالْوَرَقُ خَفِيفٌ.

(9) اَللَّبَنُ حَارٌّ.   (10) اَلْقَمِيصُ نَظِيفٌ.

تَمْرِينٌ (1)
Exercise – 1

(1) إِقْرَأْ وَاكْتُبْ مَعَ ضَبْطِ أَوَاخِرِ الْكَلِمَاتِ:

Read the words and write them with the correct ending (in terms of whether they have a *tanween* or not.) Refer to the example:

Example: مَسْجِدٌ *Masjidun* is with a *tanween*.

اَلْمَسْجِدُ *Al-masjidu* has no *tanween*.

مسجد	المسجد	الماء	ماء	البيت	باب	قلم
القلم	الكلب	كلب	قميص	ولد	الحجر	الولد
حمار	الحمار	الحصان	حصان			

Read and Write

(2) اقْرَأْ وَاكْتُبْ

(1) المكتب مكسور.

(2) المدرّس جديد.

(3) القميص وسخ.

(4) اللّبن بارد.

(5) المسجد مفتوح.

(6) الحجر كبير.

(7) اللّبن بارد والماء حارّ.

(8) اَلْمُهَنْدِسُ جالس والمدرس واقف.

(9) القمر بعيد.

(10) المنديل نظيف.

(3) إِمْلَأِ الْفَرَاغَ فِيمَا يَلِي بِوَضْعِ الْكَلِمَةِ الْمُنَاسَبَةِ مِنَ الْكَلِمَاتِ التَّالِيَةِ:

جَمِيْلٌ (beautiful)	وَسِخٌ (To be dirty)	مَفْتُوْحٌ	حَارٌّ (hot)	ثَقِيْلٌ (Heavy)	خَفِيْفٌ

(1) الحجر.................................... (2) الباب ....

(3) القمر .... (4) الورق ....

(5) المنديل.................................... (6) اللبن ....

(4) إِمْلَأِ الْفَرَاغَ فِيمَا يَلِي بِوَضْعِ الْكَلِمَةِ الْمُنَاسَبَةِ:

4. Fill in the blanks with suitable words. Note that the first word in the sentence should have (ال). Refer to the example:

Example:	The house is clean.	المثال: اَلْبَيْتُ نَظِيْفٌ

(1) .... نظيف (2) .... مكسور

(3) .... بارد (4) .... قريب

(5) .... بعيد (6) .... واقف

(7) .... جالس (8) .... كبير

(9) .... قديم (10) .... جديد

نَجْمٌ : النَّجْمُ　　　　رَجُلٌ : الرَّجُلُ

دِيْكٌ : الدِّيْكُ　　　　طَالِبٌ : الطَّالِبُ

(1) النَّجْمُ بَعِيْدٌ　(2) الرَّجُلُ وَاقِفٌ　(3) السُّكَّرُ حُلْوٌ

(4) الطَّالِبُ مَرِيْضٌ　(5) الدِّيْكُ جَمِيْلٌ　(6) الدَّفْتَرُ جَدِيْدٌ

(7) التَّاجِرُ غَنِيٌّ　(8) الدُّكَّانُ مَفْتُوْحٌ　(9) الْوَلَدُ فَقِيْرٌ

(10) التُّفَّاحُ لَذِيْذٌ　(11) الطَّبِيْبُ طَوِيْلٌ وَالْمَرِيْضُ قَصِيْرٌ

(5) إِقْرَأْ وَاكْتُبْ مَعَ ضَبْطِ أَوَاخِرِ الْكَلِمَاتِ:

الباب　التّاجر　النجم　القمر　الديك　الماء

السرير　البيت　المسجد　الرجل　السكّر　الورق

(6) اِمْلَأْ الْفَرَغَ فِيْمَا يَلِي بِوَضْعِ الْكَلِمَةِ الْمُنَاسَبَةِ:

(1) .... غنيّ　(2) .... حلو

(3) .... مريض　(4) .... لذيذ

(5) .... طويل　(6) .... قصير

(7) إِمْلَأْ وَخْتَرْ كَلِمَةً مِنَ الْقَائِمَةِ (ب) تُنَاسِبُ الْكَلِمَةَ الَّتِيْ فِي الْقَائِمَةِ (أ):

(أ)	(ب)
الطَّالِبُ	لَذِيْذٌ
الدُّكَّانُ	مَكْسُوْرٌ
التُّفَّاحُ	ثَقِيْلٌ
الْمَاءُ	مَفْتُوْحٌ
الْحَجَرُ	مَرِيْضٌ
الْقَلَمُ	حَارٌّ

اَلْحُرُوْفُ الْقَمَرِيَّةُ وَالْحُرُوْفُ الشَّمْسِيَّةُ

اَلْحُرُوْفُ الْقَمَرِيَّةُ	اَلْحُرُوْفُ الشَّمْسِيَّةُ
أ: الْأَبُ	ت: التَّاجِرُ
ب: الْبَابُ	ث: الثَّوْبُ
ج: الْجَنَّةُ	د: الدِّيْكُ
ح: الْحِمَارُ	ذ: الذَّهَبُ
خ: الْخُبْزُ	ر: الرَّجُلُ
ع: الْعَيْنُ	ز: الزَّهْرَةُ
غ: الْغَدَاءُ	س: السَّمَكُ
ف: الْفَمُ	ش: الشَّمْسُ
ق: الْقَمَرُ	ص: الصَّدْرُ
ك: الْكَلْبُ	ض: الضَّيْفُ
م: الْمَاءُ	ط: الطَّالِبُ
و: الْوَلَدُ	ظ: الظَّهْرُ
هـ: الْهَوَاءُ	ل: اللَّحْمُ
ي: الْيَدُ	ن: النَّجْمُ

تَمْرِيْنٌ (2)

Exercise – 2

اِقْرَأ الْكَلِمَاتِ الْآتِيَةَ وَاكْتُبْهَا مُرَاعِيًا قَوَاعِدَ نُطْقِ الْحُرُوْفِ الْقَمَرِيَّةِ وَالشَّمْسِيَّةِ:

البيت	الديك	المدرّس	الباب	الطالب	السّكّر
الدّفتر	الأخ	الرّسول	الوجه	الصّديق	القرآن
الصّلاة	الكعبة	الرّأس	الإصبع	الصّابون	الظّفر
الفجر	الظّهر	العصر	المغرب	العشاء	

Main lesson:

ال

ال means 'The'

- This is **added** to **common nouns**, to make the **noun specific**.
- ال has many meanings, one meaning is to make common nouns specific.
- ال is pronounced 'al'. For example المسجد is pronounced 'al-masjid'.
- The *Hamzah* from ال is only pronounced if you start with it, however if it is proceeded by another word then the *Hamzah* is not pronounced. For example, والمسجد is pronounced 'wa-lmasjid' NOT 'wa-<u>a</u>lmasjid'. (Notice the *Hamzah* is not pronounced.)
- To indicate that the *Hamzah* is not pronounced the sign (ﮞ) is placed on top of the *Hamzah*. For example وٱلمسجد.

Example:

المسجدُ ⟵ مسجدٌ

<u>The</u> masjid   <u>A</u> masjid

<u>**NOTE: Notice the** تنوين **is removed when** ال **is added. The noun changes from a common noun to a specific noun.**</u>

Sub lesson one:

There are 28 letters in the Arabic alphabet
- 14 are الحروف الشمسيّة (solar letters)
- 14 are الحروف القمريّة (lunar letters)

الحروف القمريّة	الحروف الشمسيّة
أ ب ج ح خ ع غ ف ق ك م و ه ي	ت ث د ذ ر ز س ش ص ض ط ظ ل ن

- الحروف الشمسيّة are those letters that when ال proceeds them, the ل is not pronounced. Instead the solar letter is pronounced with a *Tashdeed* ّ . الشّمس is pronounced 'ash-shams' NOT 'al-shams'.
- الحروف القمريّة are those letters that when ال proceeds them, the ل is pronounced with a *Sakin* upon it. القمر is pronounced 'al-qamar'.

Vocabulary

Rich	غَنِيّ
Long	طَوِيْل
Cold	بَارِد
Sitting	جَالِسٌ
New	جَدِيْد
Near	قَرِيْب
Clean	نَظِيْف
Small	صَغِيْر
Light	خَفِيْف
Paper	وَرَق
Apple	تُفَّاح
Shop	دُكَّان
Sick	مَرِيْض
Open	مَفْتُوْح
Air	هَوَاء
Hand	يَد
Businessman	تَاجِر
Cloth	ثَوْب
Gold	ذَهَب
Chest	صَدْر
Guest	ضَيْف
Meat	لَحْم

Bankrupt	فَقِيْر
Short	قَصِيْر
Hot	حَارّ
Standing	وَاقِف
Old	قَدِيْم
Far	بَعِيْد
To be dirty	وَسِخ
Big	كَبِيْر
Heavy	ثَقِيْل
Water	مَاء
Beautiful	جَمِيْل
Sweet	حُلْو
Moon	قَمَر
Broken	مَكْسُوْر
Garden	جَنَّة
Bread	خُبْز
Eye	عَيْن
Breakfast	غَدَاء
Mouth	فَم
Flower	زَهْرَة
Fish	سَمَك
Back	ظَهْر

الدَّرْسُ الرَّابِعُ

Lesson Four

البيتُ	:	فِيْ الْبيتِ	المسْجِدُ	:	فِيْ الْمَسْجِدِ
المكْتَبُ	:	عَلَى الْمكتبِ	السَّرِيْرُ	:	عَلَى السَّرِيرِ

أَيْنَ مُحَمَّدٌ؟

Where is M

هُوَ فِيْ الْغُرْفَةِ

He is in the room

وأَيْنَ يَاسِرٌ؟

Where is Y

هُوَ فِيْ الْحَمَّامِ

He is in the toilet

الْحَمَّام

وأَيْنَ آمِنَةُ؟

هِيَ فِيْ الْمَطْبَخِ

She is in the باورچی خانہ

أَيْنَ الْكِتَابُ؟

هُوَ عَلَى الْمَكْتَبِ

It is on the table

وأَيْنَ السَّاعَةُ؟

Watch

هِيَ عَلَى السَّرِيْرِ

It is on the bed

الْمَطْبَخ

تَمْرِيْنٌ (1)

Exercise – 1

(1) أَجِبْ عَنِ الأَسْئِلَةِ الآتِيَةِ

(1) أين الْكتاب؟ .... هو على المكتب

(2) أين محمّد؟ .... هو في الغرفة

(3) أين السّاعة؟ .... هي على السّرير

(4) أين ياسر؟ .... هو في الحمّام

(5) أين آمنة؟ .... هي في المطبخ

(6) أآمنة في الغرفة؟ .... لا هي في المكتب

(7) أياسر في المطبخ؟ .... لا هو في الحمّام

(8) من في الغرفة؟ .... محمد في الغرفة

(9) ومن في الحمّام؟ .... ياسر في الحمّام

(10) ماذا على المكتب؟ .... السّاعة على السّرير

(11) ماذا على السرير؟ .... الكتابُ على المكتب

(2) إِقْرَأْ وَاكْتُبْ مَعَ ضَبْطِ أَوَاخِرِ الْكَلِمَاتِ:

الْمدرسةُ	فِيْ الْمدرسةِ	فِيْ الْبَيْتِ
الْمَكْتَبُ	على المكتبِ	على الكرسيِّ
الغرفةُ	الحمامُ	في المطبخ
السريرُ	على الكتابِ	في المسجدِ

Read and Write

اقْرَأْ وَاكْتُبْ

(1) الطالب في الجامعة

(2) الرجل في المسجد

(3) أين التّاجر؟ هو في الدكان

(4) القلم على الكتاب

(5) أين زينب؟ هي في الغرفة

(6) أين الورق؟ هو على المكتب

(7) أين المدرّس؟ هو في الْفصل

(8) أين ياسر؟ هو في المرحاض

(9) الشمس والقمر في السماء

(10) من في الفصل؟

مُحَمَّدٌ	آمِنَةُ
خَالِدٌ	زَيْنَبُ
حَامِدٌ	فَاطِمَةُ
يَاسِرٌ	مَرْيَمُ
عَمَّارٌ	عَائِشَةُ
سَعِيْدٌ	خَدِيْجَةُ
عَلِيٌّ	صَفِيَّةُ
عَبَّاسٌ	رُقَيَّةُ

(4) إِقْرَأْ وَاكْتُبْ مَعَ ضَبْطِ أَوَاخِرِ الْكَلِمَاتِ:

حامد　　زينب　　آمنة　　عمّار　　سعيد

فاطمة　　مريم　　عليّ　　خالد　　عبّاس

عائشة　　محمّد　　صفيّة　　خديجة

البيتُ : مِنَ الْبيتِ　　　المسجدُ : إلَى الْمسجدِ

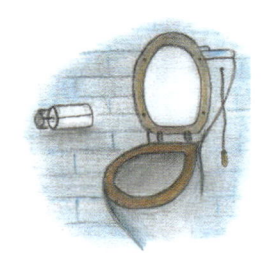

المدرّس: مِنْ أينَ أنْتَ؟

محمّد: أنَا من اليابانِ

المدرّس: ومِنْ أيْنَ عَمَّارٌ؟

محمّد: هُوَ مِنَ الصِّيْنِ

المدرّس: ومِنْ أيْنَ حامِدٌ؟

محمّد: هُوَ مِنَ الْهِنْدِ

المدرّس: أيْنَ عَبَّاسٌ؟

محمّد: خَرَجَ

المدرّس: أيْنَ ذَهَبَ؟

محمّد: ذَهَبَ إِلَى الْمُدِيْرِ

المدرّس: وأيْنَ ذَهَبَ عَلِيٌّ؟

محمّد: ذَهَبَ إِلَى الْمِرْحَاضِ

الْيَابَانِ

الْهِنْدِ

الْمِرْحَاضِ

تَمْرِيْنٌ (2)

Exercise – 2

(1) أَجِبْ عَنِ الأَسْئِلَةِ الآتِيَةِ

(1) من أين أنت؟ ....

(2) أأنت من الفِلِبّيْن؟ ....

(3) مَنْ مِنَ الصِّيْن؟ ....

(4) من أين حامد؟ ....

(5) أين ذهب عبّاس؟ ....

(6) أذهب عليّ إلى المدير؟ ....

(2) اِقْرَأْ وَاكْتُبْ مَعَ ضَبْطِ أَوَاخِرِ الْكَلِمَاتِ

الغرفة	من الغرفة	من الحمّام	المرحاض	إلى المرحاض
اليابان	الفلبين	من الهند	إلى الصين	

Read and Write اقْرَأْ وَاكْتُبْ

(1) من أيْن فاطمة؟ هي من الهند

(2) خرج المدرّس من الفصل وذهب إلى المدير

(3) ذهب التاجر إلى الدكان

(4) خرج حامد من الغرفة وذهب إلى الحمام

(5) من خرج من الفصل؟

(6) خرج الطالب من المدرسة وذهب إلى السوق

(7) خديجة من الصين وخالد من اليابان

ضَعْ فِيْ الْفَرَاغِ فِيْمَا يَلِيْ حَرْفَ جَرٍّ مُنَاسِبًا:

(مِنْ إِلَى فِيْ عَلَى)

(1) الكتاب .... المكتب (2) الطالب .... الفصل

(3) ذهب حامد .... الجامعة (4) خرج المدير .... المدرسة

(5) ذهب محمّد .... الصين .... اليابان

الْكَلِمَاتُ الْجَدِيْدَةُ:

الْمَدْرَسَةُ	الْفَصْلُ	الْحَمَّامُ	الْمِرْحَاضُ	الْمَطْبَخُ
الْغُرْفَةُ	الْجَامِعَةُ	السُّوْقُ	الْيَابَانُ	الصِّيْنُ
الْهِنْدُ	الْفِلِبِّيْنُ	الْمُدِيْرُ	ذَهَبَ	خَرَجَ

"فِيْ ، عَلَى ، مِنْ ، إِلَى"

مِنْ حُرُوْفِ الْجَرِّ

Main lesson one:

(إِلَى)	(مِنْ)	(عَلَى)	(فِي)
Means 'until'	Means 'from'	Means 'upon'	Means 'in'

- These four are from amongst الحروف الجارّة (prepositions). The noun after them are in مجرور (genitive) case. Normally nouns are in مرفوع (nominative) case.

Example:

إلى المديرِ　　من الهندِ　　على السريرِ　　في البيتِ

NOTICE in all four examples the last letter has a *Kasrah* (ـِ), because it is in the مجرور (genitive) case, due to the حروف جارّة (prepositions) coming before them.

NOTE: When the preposition في is followed by ال , then the ي is not pronounced.

The ى in the prepositions على and إلى are *Alif* as they are proceeded by a *fathah*.

This is not pronounced when followed by ال .

When the preposition من is followed by ال then the *sakin* upon the *noon* changes into a *fathah*.

Main lesson two:

أَنْتَ	أَنَا	هِيَ	هُوَ
Means 'you (male)'	Means 'I (male/female)'	Means 'she, it (female)'	Means 'he, it (male)'

- These four are from amongst the أسماء الضمائر (pronouns).

Pronoun	Used for
هو	Indicating to **non-present male** being, animal or thing
هي	Indicating to **non-present female** being, animal or thing
أنا	Indicating to oneself, male or female
أنت	Indicating to **present male**.

Sub lesson one:

Most male proper nouns will have تنوين, except for some which will study later.

Example: خالدٌ ، ياسرٌ ، سعيدٌ.

(Notice the تنوين on the last letter.)

ALL female proper nouns will be **without** تنوين.

Example:. مريمُ ، عائشةُ ، زينبُ.

The absence of تنوين on the last letter.

Sub lesson two:

Male proper nouns will NOT become common by تنوين coming on the last letter.

Example:

محمّدٌ means 'Muhammad' NOT 'a Muhammad.'

Sub lesson three:

In this main lesson, four out of the many أسماء الضمائر were introduced. Remember أسماء الضمائر are مبني (indeclinable), meaning they will always have the same *harkah* on the last letter irrespective of its case.

Vocabulary

The Philippines	فِلِبِّيْن
School	مَدْرَسَة
Shop/mall	سُوْق
University	جَامِعَة
To go	ذَهَبَ
From	مِنْ
To	إِلَى
Japan	يَابَان
China	صِيْن
Headmaster	مُدِيْر

On	عَلَى
Sky	سَمَاء
Classroom	فَصْل
Toilet	مِرْحَاض
To go out	خَرَجَ
Where	أَيْنَ
Room	غُرْفَة
Bathroom	حَمَّام
Kitchen	مَطْبَخ
In	فِيْ
India	هِنْد

الدَّرْسُ الخَامِسُ

Lesson Five

سَعِيْدٌ: أكتابُ محمّدٍ هذا يا ياسِرُ؟

يَاسِرٌ: لا ، هذا كتابُ حامدٍ

سَعِيْدٌ: أين كتابُ محمَّدٍ؟

يَاسِرٌ: هو على المكتبِ هُنَاكَ

سَعِيْدٌ: أين دَفْتَرُ عَمَّارٍ؟

يَاسِرٌ: هو على مكتبِ المدرّسِ

سَعِيْدٌ: قَلَمُ مَنْ هذا يا عليّ؟

عَلِيٌّ: هذا قلمُ المدرّسِ

سَعِيْدٌ: أَيْن حَقِيْبَةُ المدرِّس؟

عَلِيٌّ: هي تَحْتَ الْمَكْتَبِ

تَمْرِيْنٌ (1)

Exercise – 1

)1(أَجِبْ عَنِ الأَسْئِلَةِ الآتِيَةِ

(1) أين كتاب محمّد؟ هو على المكتب هناك

(2) أين كتاب عمّار؟ هو على مكتب المدرس

(3) أين حقيبة المدرّس؟ هي تحت المكتب

)2(أَضِفْ الكَلِمَةَ الأُوْلَى إِلى الثانية

Form possessive sentences using the two words given

كِتَابٌ ، مُحَمَّدٌ	كِتَابُ مُحَمَّدٍ	مَكْتَبٌ ، اَلْمُدَرِّسُ	مَكْتَبُ الْمُدَرِّسِ
قَلَمٌ ، حَامِدٌ	قَلَمُ حَامِدٍ	مِفْتَاحٌ ، الْبَيْتُ	مِفْتَاحُ الْبَيْتِ
بَيْتٌ ، عَبَّاسٌ	بَيْتُ عَبَّاسٍ	دُكَّانٌ ، التَّاجِرُ	دُكَّانُ التَّاجِرِ
غُرْفَةٌ ، عَلِيٌّ	غُرْفَةُ عَلِيٍّ	بَيْتٌ ، الْمُهَنْدِسُ	بَيْتُ المهندسِ
دَفْتَرٌ ، سَعِيْدٌ	دَفْتَرُ سَعِيْدٍ	اسْمٌ ، الْوَلَدُ	اسم الولد
مِنْدِيْلٌ ، يَاسِرٌ	مِنْدِيْلُ يَاسِرٍ	كِتَابٌ ، اللهُ	
قَمِيْصٌ ، عَمَّارٌ	قَمِيْصُ عَمَّارٍ	بِنْتٌ ، الطَّبِيْبُ	
سَرِيْرٌ ، خَالِدٌ	سَرِيْرُ خَالِدٍ	مِفْتَاحٌ ، السَّيَّارَةُ	

3) اِقْرَأْ وَاكْتُبْ مَعَ ضَبْطِ أَوَاخِرِ الْكَلِمَاتِ

بابُ المدرسةِ　　حِمَارُ الرَّجُلِ　　بَيْتُ حامِدٍ　　سيّارةُ المديْرِ

منديلُ عمّارٍ　　اسمُ الطّالبِ　　بيتُ الله　　في كتابِ الله

من بيتِ المدرّسْ　　على مكتبُ المديرِ

Read　　4) اِقْرَأْ

(1) القرآن كتاب الله

(2) الكعبة بيت الله

(3) أين بيت المدرّس؟ هو بعيد

(4) خَرَجَ المدرّس مِنْ غُرفةِ المديْر

(5) هذا بيت حامد وذلك بيت خالد

(6) ابن عمّار طالب وابن ياسر تاجر

(7) بيت المدرّس بعيد وبيت التّاجر قريب

(8) هذا مفتاح السيّارة. أين مفتاح البيت؟

(9) وابن من هو؟ هو ابن خالد

(10) من أنت يا ولد؟ أنا ابن عبّاس

(11) عمّ الطالب غنيّ

(12) محمَّد صلّى الله عليه وسلّم رسول الله

(13) ابن مَنْ أنتَ؟ أنا ابن المدرّس

(14) خال حامد فقير

(15) أين الكلب؟ هو تحت السّيّارة

(16) سيّارة عبّاس في الشارع

(17) أين مسجد رسول الله صلّى الله عليه وسلّم؟ هو في المدينة المنوّرة

(18) بنت حامد في المدرسة وبنت محمّد في الجامعة

(19) اسم المدرّس سعيد واسم المهندس خالد

(20) باب المسجد مفتوح وباب المدرسة مغلق

5) كَوِّنْ جُمَلًا مُفِيْدَةً بِمِلْءِ الْفَرَاغِ فِيْمَا يَلِيْ

(1) .... البيتِ مُغْلَقٌ

(2) أَيْنَ .... السَّيَّارَةِ؟

(3) مُحَمَّدٌ صلّى الله عليه وسلّم رَسُوْل ....

(4) .... الطَّبِيْبِ بَعِيْدٌ

(5) القرآن كتاب ....

(6) خَدِيْجَةُ .... حامدٍ

(7) أنا .... المدرّس

(8) .... الطالبِ مَكْسُوْرٌ

(9) باب .... مَفْتُوْحٌ

(10) خرج المدرّس مِنْ .... الْمُدِيْرِ

6) صَحِّحْ التَّرْكِيْبَاتِ التَّالِيَة

الْقَلَمُ الطَّالِبِ	....	بَابُ السَّيَّارَةُ	....
بِنْتُ حَامِدٌ	....	الرَّسُوْلُ اللهِ	....
اسْمُ الْوَلَدَ	....	ابْنُ الْمُدَرِّسِ	....

(7 اِقْرَأْ الْمِثَالَ الْآتِيْ ثُمَّ كَوِّنْ أَسْئِلَةً مِثْلَهُ مُشِيْرًا إِلَى الصُّوَرِ التَّالِيَة

كِتَابُ مَنْ هَذَا؟

..................................؟

..................................؟

..................................؟

..................................؟

8) اِقْرَأْ وَاكْتُبْ مَعَ ضَبْطِ أَوَاخِرِ الْكَلِمَاتِ

مُحَمَّدٌ: يَا مُحَمَّدُ   أَسْتَاذٌ: يَا أُسْتَاذُ

خَالِدٌ: يَا خَالِدُ   وَلَدٌ: يَا وَلَدُ

...................: يَا عَلِيّ   ....: يَا عَبَّاس

شَيْخ: ....: يَا رَجُل

يَاسِر: ....: يَا عَمَّار

دُكْتُوْر: ....

اِسْمٌ:

اِسْمُ الْوَلَدِ مُحَمَّدٌ وَٱسْمُ الْبِنْتِ زَيْنَبُ

اِسْمُ الْمُدَرِّسِ حَامِدٌ. مَا ٱسْمُ الْمُدِيْرِ؟

اِبْنٌ:

اِبْنُ خَالِدٍ فِيْ الْمَدْرَسَةِ وَٱبْنُ حَامِدٍ فِيْ الْجَامِعَةِ

اِبْنُ الْمُدَرِّسِ فِيْ الْفَصْلِ. أَيْنَ ٱبْنُ الْمُدِيْرِ؟

اِقْرَأْ مَا يَلِيْ مُرَاعِيًا قَوَاعِدَ نُطْقِ هَمْزَةِ الْوَصْلِ

(1) ابْنُ مُحَمَّدٍ فِيْ الْعِرَاقِ وَابْنُ حَامِدٍ فِيْ الْهِنْدِ

(2) خَرَجَ ابْنُ الطَّبِيْبِ مِنَ الْبَيْتِ

(3) ذَهَبَ ابْنُ التَّاجِرِ إِلَى السُّوْقِ

(4) اسْمُ الْمُهَنْدِسِ فَيْصَلٌ وَاسْمُ الطَّبِيْبِ مَسْعُوْدٌ

(5) مَا اسْمُ الرَّجُلِ؟

(6) ابْنُ مَنْ أَنْتَ؟ أَنَا ابْنُ الْوَزِيْرِ

سَيَارَةُ	الْمُدَرِّسِ
↓	↓
مُضَافٌ	**مُضَافٌ إِلَيْهِ**

Main lesson:

- This lesson is regarding the sentence structure of مُضَافٌ & مُضَافٌ إِلَيْه.
- The مضاف is the **first noun** and it is the thing **possessed**.
- The مضاف إليه is the **second noun** and it is the **possessor**.
- The مضاف is definite (معرفة) by position, therefore it will **NOT** have a تنوين or (ال) proceeding it.
- The مضاف can be in any of the three cases (depending on what proceeds it):

  مرفوع (Nominative) منصوب (Accusative) مجرور (Genitive).
- The مضاف إليه can have تنوين upon the last letter or (ال) before it.
- The مضاف إليه will ALWAYS be in مجرور (genitive) case.

Example:

دَفْتَرُ عَمَّارٍ — Ammar's notebook

سَيَّارَةُ الْمُدَرِّسِ — The teacher's car

مُضَاف
(Possessed)
Is معرفة
No تنوين Or ال
Any case

مُضَاف إِلَيْه
(Possessor)
Can have تنوين
or ال
ALWAYS مجرور
(genitive) case

Notice the مضاف in both examples neither have تنوين nor (ال) before them.

Notice the مضاف إليه in both examples are in مجرور (genitive) case. Notice in the one example there is تنوين and in one example there is (ال).

Sub lesson one:

كِتَابُ مَنْ؟

'Whose book?'

In this example مَنْ is مضاف إليه, as it represents the possessor, therefore it is in genitive (مجرور) case. We cannot see the effect of this in the مَنْ as it is مبني (indeclinable).

Sub lesson two:

عَلَى مَكْتَبِ المدَرِّسِ

In this example مكتب is in genitive case as it is proceeded by على which is from الحروف الجارة.

مدرّس is in genitive case as it is مضاف إليه.

Sub lesson three:

تَحْتَ

This means 'beneath'

- Usually has a *fathah* on the last letter.
- It is always مضاف , therefore مضاف إليه will come after it, which will ALWAYS be in the جر state.

Sub lesson four:

يَا عَلِيُّ

'Oh Ali'

يا is from amongst the الحروف النداء (vocative particle), The noun after it generally has a **single** *Dhammah*.

Sub lesson five:

(ابن) (اسم)

The letter at the beginning of these words (ا) is called هَمْزَةُ الْوَصْلِ (*Hamza-tul-wasl*).

همزة الوصل is only pronounced if you start with it, however if there is a word proceeding it then it is NOT pronounced and marked with (ص) above it, **Example**: وَٱسْمٌ.

Vocabulary

Name	إِسْم
Messenger	رَسُوْل
Paternal uncle	عَمّ
Paternal aunt	عَمَّة
Car	سَيَّارَة
Maternal uncle	خَال
Maternal aunt	خَالَة
Daughter	بِنْت
Doctor	دُكْتُوْر

Here	هُنَا
Street	شَارِع
Bag, Case	حَقِيْبَة
Closed	مُغْلَق
Doctor	طَبِيْب
Under, Below	تَحْت
Son	اِبْن
Ka'bah	كَعْبَة
There	هُنَاكَ
Minister	وَزِيْر

الدَّرْسُ السَّادِسُ

Lesson Six

هَذِهِ

هَذَا ابْنُ حَامِدٍ وَهَذِهِ بِنْتُ يَاسِرٍ

اِبْنُ حَامِدٍ جَالِسٌ وَبِنْتُ يَاسِرٍ وَاقِفَةٌ

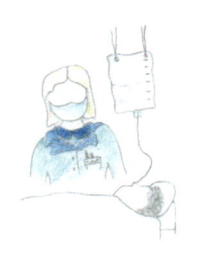

مَنْ هَذِهِ؟

هَذِهِ أُخْتُ الْمُهَنْدِسِ

أَهِيَ أَيْضًا مُهَنْدِسَةٌ؟

لَا ، هِيَ طَبِيْبَةٌ

سَيَّارَةُ مَنْ هَذِهِ؟

هَذِهِ سَيَّارَةُ الْمُدِيْرِ

مَا هَذِهِ؟

هَذِهِ مِكْوَاةٌ

لِمَنْ هَذِهِ؟

هَذِهِ لِخَالِدٍ

أَدَرَّاجَةُ أَنَسٍ هَذِهِ؟

لَا ، هَذِهِ دَرَّاجَةُ عَمَّارٍ ، هَذِهِ جَدِيْدَةٌ

وَدَرَّاجَةُ أَنَسٍ قَدِيْمَةٌ

هَذِهِ سَاعَةُ عَلِيٍّ ، هِيَ جَمِيْلَةٌ جِدًّا

هَذِهِ مِلْعَقَةٌ وَهَذِهِ قِدْرٌ ، الْمِلْعَقَةُ فِيْ الْقِدْرِ

هَذِهِ بَقَرَةُ الْفَلَّاحِ

هَذَا أَنْفٌ وَهَذَا فَمٌ

هَذِهِ أُذُنٌ وَهَذِهِ عَيْنٌ

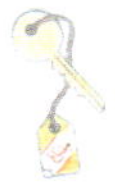

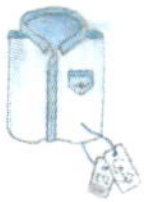

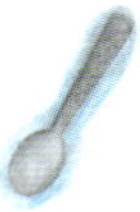

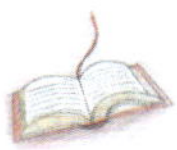

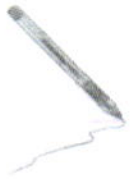

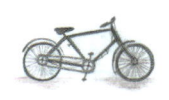

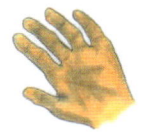

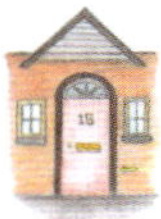

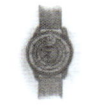

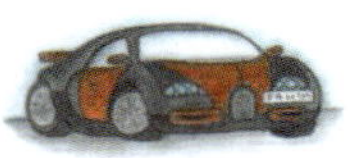

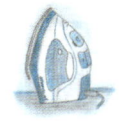

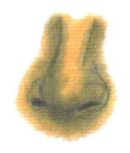

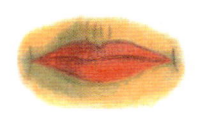

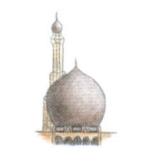

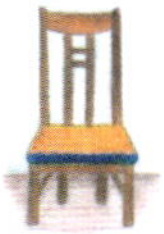

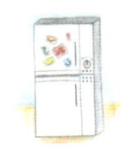

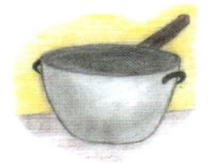

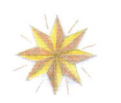

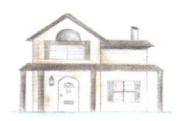

تَمْرِيْنٌ (1)

Exercise – 1

<u>مَا هَذَا؟ وَ مَا هَذِهِ؟</u>

Read and Write

اقْرَأْ وَاكْتُبْ

(1) هذا مسجد وهذه مدرسة

(2) من هذه؟ هذه أخت عبّاس

(3) هذا ديك وهذه دجاجة

(4) هذا ابن المدير وهذه بنت المدرّس

(5) هذه أمّ ياسر

(6) أين قدر اللحم؟

(7) هذا باب

(8) هذه نافذة

(9) هي في الثلّاجة

اِقْرَأْ الْمِثَالَ وَكَوِّنْ جُمَلًا عَلَى غِرَارِهِ

محمّد طالب	آمنة طالبة
حامد طبيب	فاطمة ....
هو مسلم	هي ....
الباب مغلق	النافذة ....
المنديل وسخ	اليد ....
الشّاي حارّ	القهوة ....
المسجد بعيد	المدرسة ....
الطالب مريض	الطالبة ....
الحصان سريع	السيّارة ....
القمر جميل	الشّمس ....
الأب جالس	الأمّ ....

صَحِّحْ الْجُمَلَ الآتِيَة

حَقِيْبَةُ مَنْ هَذَا؟ ....

الْغُرْفَةُ مَفْتُوْحٌ ....

هَذَا سَيَّارَةُ الطَّبِيْبِ ....

هَذِهِ مِفْتَاحُ السَّيَّارَةِ ....

أَيْنَ السَّيَّارَةُ؟ هُوَ فِيْ الشَّارِعِ ....

اِقْرَأ وَاكْتُبْ مَعَ ضَبْطِ أَوَاخِرِ الْكَلِمَاتِ

(1) هذا لمحمّد وذلك لحامد

(2) لمن هذه؟ هذه لياسر

(3) الحمد لله

(4) لله المشرق والمغرب

Main lesson:

هذه

هذه means 'This'

- Used for **indicating** upon one **feminine** thing/person that is **close**.
- It is pronounced as هاذه , with an *Alif* after the *Haa*, but it is **not** written with the *Alif*.
- It is called اسم الإشارة (indicating noun) and the thing it indicates upon is called المشار إليه.

Example:

هَذِهِ سَيَّارَةٌ

اسم الإشارة → هَذِهِ ; المشار إليه → سَيَّارَةٌ

This (close) is a car.

Sub lesson one:

(ة)

- This is added to the end of nouns to denote a **feminine** meaning.
- When you add this (ة) to a male noun then the letter before the (ة) has a fathah (َ).

Example:

مُدَرِّسٌ → مُدَرِّسَةٌ

NOTE: Some male **proper** nouns also have (ة) , but this is just passed on through generations.

Example: مُعَاوِيَة طَلْحَة

Sub lesson two:

- Some nouns are female without adding a (ة) , as they indicate upon a female.

Example:

daughter ← بِنْتٌ

mother ← أُمٌّ

- Some nouns are regarded female without ANY signs, as they are simply passed through generations as female.

Example:

شَمْسٌ

NOTICE:

طَلَعَ القَمَرُ

طَلَعَ الكَوْكَبُ

طَلَعَتِ الشَمْسُ

Notice the addition of (ت) on the verb

Sub lesson three:

- Double body parts are usually feminine and single body parts are masculine

Single = male	Double = female
(head) رأس	(eye)عين
(mouth) فم	(ear)أذن
(nose)أنف	(leg)رجل
(face)وجه	(hand)يد

Sub lesson four:

(ل)

It means 'belongs to, for.'

- This has many meanings, here it is حرف الجر , hence it gives the noun **after** it a *Kasra* on the last letter.
- It itself has a Kasra upon it. **Sometimes** a *Fathah*.
- When you join (ل) before الله you simply just drop off the (ا) at the beginning to make it (لله) meaning 'for Allah'.
- When (ل) comes before (من) then:

(Whom)(من) + (For)(ل)

(For whom) (لِمَنْ) =

Sub lesson five:

أَيْضًا

(Means 'ALSO')

(This is **also** close) هذا أيضًا قريبٌ

Note: It always has (ً).

Sub lesson six:

جِدًّا

(means 'VERY')

(This is **very** close) هذا قريبٌ جِدًّا

Note: It always has (ً).

Vocabulary

Mother	أُمّ
Leg	رِجْل
Tea	شَاي
East	مَشْرِق
Iron	مِكْوَاة
Mouth	فَم
Spoon	مِلْعَقَة
Eye	عَيْن
Father	أَب
Fast	سَرِيْع
West	مَغْرِب

Cow	بَقَر وبَقَرَة
Nose	أَنْف
Farmer	فَلَّاح
Hand	يَد
Fridge	ثَلَّاجَة
Window	نَافِذَة
Coffee	قَهْوَة
Engineer	مُهَنْدِس
Cooking pot	قِدْر
Bicycle	دَرَّاجَة
Ear	أُذُن

الدَّرْسُ السَّابِعُ

Lesson Seven

مَنْ هَذِهِ؟ هَذِهِ آمِنَةُ

وَمَنْ تِلْكَ؟ تِلْكَ فَاطِمَةُ

هَذِهِ طَبِيبَةٌ وَتِلْكَ مُمَرِّضَةٌ

هَذِهِ مِنَ الْهِنْدِ وَتِلْكَ مِنَ الْيَابَانِ

هَذِهِ طَوِيلَةٌ وَتِلْكَ قَصِيرَةٌ

مَنْ هَذَا؟ هَذَا حَامِدٌ

وَمَنْ ذَلِكَ؟ ذَلِكَ عَلِيٌّ

أَتِلْكَ دَجَاجَةٌ؟

لَا ، تِلْكَ بَطَّةٌ

مَا تِلْكَ؟ تِلْكَ بَيْضَةٌ

هَذِهِ سَيَّارَةُ الْمُدَرِّسِ

وَتِلْكَ سَيَّارَةُ الْمُدِيرِ

أَسَاعَةُ عَبَّاسٍ هَذِهِ؟
لَا، هَذِهِ سَاعَةُ حَامِدٍ، تِلْكَ سَاعَةُ عَبَّاسٍ

ذَلِكَ دِيْكٌ وَتِلْكَ دَجَاجَةٌ

تَمْرِيْنٌ (1)
Exercise – 1

(1) اِقْرَأْ وَاكْتُبْ

(1) هذه مدرسة وتلك جامعة

(2) ذلك حمار وتلك بقرة

(3) أذلك مسجد؟ لا ، تلك مدرسة

(4) هذا جمل وتلك ناقة

(5) هذه مدرّسة وتلك طالبة

(6) هذا كلب وذلك قِطّ

(7) هذا بيت المؤذّن وتلك حديقة التّاجر

(2) أَشِرْ إِلَى الْكَلِمَاتِ الآتِيَةِ بِاسْمِ إِشَارَةٍ لِلْبَعِيْدِ (ذَلِكَ ، تِلْكَ)

أُمٌّ	....	أَبٌ	....
قَلَمٌ	....	مِلْعَقَةٌ	....
عَيْنٌ	....	حَجَرٌ	....
قَمِيْصٌ	....	قِدْرٌ	....
نَافِذَةٌ	....	بَقَرَةٌ	....
مَكْتَبٌ	....	نَاقَةٌ	....
مُهَنْدِسٌ	....	مُؤَذِّنٌ	....
مُمَرِّضَةٌ	....	سَرِيْرٌ	....
حَدِيْقَةٌ	....	طَالِبَةٌ	....
جَمَلٌ	....	بَطَّةٌ	....

أَسْمَاءُ الْإِشَارَةِ لِلْقَرِيْبِ	أَسْمَاءُ الْإِشَارَةِ لِلْبَعِيْدِ
هَذَا مُحَمَّدٌ	ذَلِكَ حَامِدٌ
هَذِهِ آمِنَةُ	تِلْكَ زَيْنَبُ

Main lesson:

تِلْكَ

تلك means 'That'

- Used for **indicating** upon one **feminine** thing/person that is **far**.
- It is called اسْمُ الإِشَارَة (indicating noun) and the thing it indicates upon is called الْمُشَارُ إِلَيْه.

__Example__:

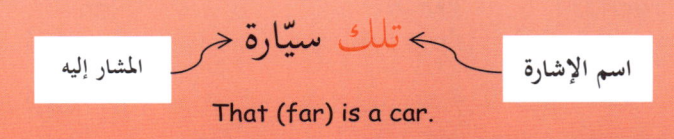

اسم الإشارة → تلك سيّارة ← المشار إليه

That (far) is a car.

RECAP:

	أسماء الإشارة للقريب	أسماء الإشارة للبعيد
مذكّر	هَذَا سَعْدٌ	ذَلِكَ عَبَّاسٌ
مؤنّث	هَذِهِ فَاطِمَةُ	تِلْكَ مَرْيَمُ

RECAP:

Most female names have no *Tanween* on the last letter. All male names have *Tanween* on the last letter EXCEPT those male nouns that end in (ة) or (ان), or those that have (ال) before them. Also, few other names which have been passed on through generation like عمرُ and زفرُ.

(Refer to lesson 4.)

RECAP:

ALL nouns/verbs originally have a *Pesh/double pesh (or in the* حالت الرفع *state)* and they are changed by placing an عامل (governing word) before them.

__**Example**__:

Notice the double pesh on the د of Khalid changes into double *Zayr* due to the letter ب appearing before the noun.

→ خَالِدٌ طَوِيْلٌ

→ بِخَالِدٍ

Vocabulary

Duck	بَطَّة		Egg	بَيْضَة
Nurse	مُمَرِّضَة		Caller (for prayer)	مُؤَذِّن
Garden	حَدِيْقَة		Hen	دَجَاجَة
			She-camel	نَاقَة

الدَّرْسُ الثَّامِنُ

Lesson Eight

هَذَا الرَّجُلُ تَاجِرٌ وَذَلِكَ الرَّجُلُ طَبِيْبٌ

اسْمُ التَّاجِرِ مَحْمُوْدٌ وَاسْمُ الطَّبِيْبِ سَعِيْدٌ

هَذَا الْبَيْتُ لِلتَّاجِرِ وَذَلِكَ الْبَيْتُ لِلطَّبِيْبِ

بَيْتُ التَّاجِرِ أَمَامَ الْمَسْجِدِ وَبَيْتُ الطَّبِيْبِ خَلْفَ الْمَدْرَسَةِ

لِمَنْ هَذِهِ السَّيَّارَةُ وَلِمَنْ تِلْكَ؟

هَذِهِ السَّيَّارَةُ لِلطَّبِيْبِ وَتِلْكَ لِلتَّاجِرِ

هَذِهِ السَّيَّارَةُ مِنَ الْيَابَانِ وَتِلْكَ مِنْ أَمْرِيْكَا

تَمْرِينٌ (1)
Exercise – 1

(1) أَجِبْ عَنِ الْأَسْئِلَةِ الآتِيَةِ

(1) مَنْ هَذَا الرَّجُلُ وَمَنْ ذَلِكَ الرَّجُلُ؟

(2) مَا اسْمُ التَّاجِرِ؟

(3) مَا اسْمُ الطَّبِيْبِ؟

(4) مِنْ أَيْنَ سَيَّارَةُ الطَّبِيْبِ؟

(5) مِنْ أَيْنَ سَيَّارَةُ التَّاجِرِ؟

(6) أَيْنَ بَيْتُ التَّاجِرِ؟

(7)أَيْنَ بَيْتُ الطَّبِيْبِ؟

(2) إِقْرَأْ وَاكْتُبْ

(1) هذا الولد خالد وذلك الولد محمّد

(2) هذا الرجل مدرّس وذلك الرجل مهندس

(3) هذا الكتاب جديد وذلك الكتاب قديم

(4) هذه السيّارة لعليّ وتلك لخالد

(5) هذا الباب مفتوح وذلك الباب مغلق

(6) لمن هذه الساعة؟ هي لعبّاس

(7) أهذا البيت للطّبيب؟ لا ، هو للمدرّس

(8) أهذه الدرّاجة لابن المؤذّن؟ نعم

(9) من هذا الولد؟ هو طالب من الصّين

(10) أذلك البيت جديد؟ لا ، هو قديم جدّا

(11) هذه السيّارة من اليابان وتلك من أمريكا

(12) هذا السّكّين من ألمانيا وتلك الملعقة من إنكلترا

(3) اِقْرَأْ الْمِثَالَ الآتِيْ ثُمَّ حَوِّلْ الْجُمَلَ الْآتِيَةَ مِثْلَهُ

مثال: هَذَا كِتَابٌ — هَذَا الْكِتَابُ لِمُحَمَّدٍ

(1) هَذَا طَبِيْبٌ .... مِنَ الْهِنْدِ

(2) هَذِهِ سَيَّارَة .... لِلْمُدِيْرِ

(3) ذَلِكَ وَلَدٌ .... ابْنِ الْمُدَرِّسِ

(4) تِلْكَ سَاعَةٌ .... مِنْ سُوَيْسِرَا

(5) هَذَا بَيْتٌ .... لِلْمُهَنْدِسِ

(6) هَذَا قَلَمٌ .... لِعَبَّاسٍ

(7) ذَلِكَ رَجُلٌ .... مُؤَذِّنٌ

(8) هَذِهِ بَيْضَةٌ .... كَبِيْرَةٌ

(9) هَذَا مِنْدِيْلٌ .... وَسِخٌ

(10) هَذِهِ حَقِيْبَةٌ .... لِلْمُدَرِّسِ

(4) اِقرَأْ الْمِثَالَ الْآتِيْ ثُمَّ كَوِّنْ أَسْئِلَةً وَأَجْوِبَةً مِثْلَهُ

مثال: لِمَنْ هَذَا الْكِتَابُ؟ هَذَا الْكِتَابُ لِمُحَمَّدٍ (محمّد)

(1) .... (عَبَّاس)

(2) .... (عَلِيّ)

(3) .... (الْمُدِيْر)

(4) .... (الْفَلَّاح)

(5) ....(الْمُدَرِّس)

(6) .... (عَمَّار)

(7) .... (بِنْتُ الْفَلَّاح)

(8) .... (ابْنُ الْمُدِيْر)

(9) .... (الطَّبِيْب)

(10) .... (الطَّالِب)

(5) تَأَمَّلِ الْأَمْثِلَةَ الْآتِيَة

الْبَيْتُ	فِيْ الْبَيْتِ	مِنَ الْبَيْتِ	إِلَى الْبَيْتِ
الْمُسْتَشْفَى	فِيْ الْمُسْتَشْفَى	مِنَ الْمُسْتَشْفَى	إِلَى الْمُسْتَشْفَى
أَمْرِيْكَا	فِيْ أَمْرِيْكَا	مِنْ أَمْرِيْكَا	إِلَى أَمْرِيْكَا
أَلْمَانِيَا	فِيْ أَلْمَانِيَا	مِنْ أَلْمَانِيَا	إِلَى أَلْمَانِيَا

(6) اِقْرَأْ وَاكْتُبْ

(1) هذا الطبيب من إنكلترا

(2) ذهب حامد إلى فرنسا

(3) محمود مريض هو الآن في المستشفى

(4) ذهب عبد الله من ألمانيا إلى إنكلترا

(5) هذا الكتاب لعيسى وذلك الكتاب لموسى

(6) هذا المهندس من أمريكا

(7) اِقْرَأْ وَاكْتُبْ

(1) السبّورة أمام الطالب وهي خلف المدرّس

(2) أين سيّارة المدرّس؟ هي أمام المدرسة

(3) أين بيت الإمام؟ بيت الإمام خلف المسجد

(4) أين جلس حامد؟ جلس خلف محمود

(5) ذهب عمّار إلى المسجد وجلس أمام المحراب

Main lesson:

This (close) mosque.	هَذَا الْمَسْجِدُ	مذكر
That (far) person.	ذَلِكَ الرَّجُلُ	
This (close) car.	هَذِهِ السَّيَّارَةُ	مؤنث
That (far) spoon.	تِلْكَ المِلْعَقَةُ	

So far in lessons (1)(2)(6)(7) we have learnt the above four أسْمَاءِ الإِشَارَة appearing before a noun, and that the following noun is called المشار إليه . In all those chapters the المشار إليه NEVER had (ال) on the noun.

In this chapter we learn the same four أسماء الإشارة BUT when the المشار إليه has (ال) before it.

(Note the change in translation.)

Example:

هذا مسجد ← هذا المسجد

This (close) is a masjid. — This (close) masjid.

NOTE: When the مشار إليه does NOT have an (ال) before it, it will form a complete sentence. However if the مشار إليه has an (ال) before it then it will NOT form a complete sentence, instead you will need to give news regarding it. The examples above show this clearly.

Sub lesson one:

- Nouns ending with a long (-a) remain unchanged irrespective of what state they are in.

Example:

أَمْرِيْكَا

(1) هذِهِ أمْرِيْكَا

(2) هو مِنْ أمْرِيْكَا

NOTICE the ending of the two examples. They are the same despite being in different states.

Sub lesson two:

خلفَ

This means 'behind'

- Usually has a *fathah* on the letter *faa.*
- It is always مضاف and therefore مضاف إليه will come after it, which is ALWAYS in the جرّ state

Example:

السَّيّارةُ خلفَ البيْتِ (The car is '**behind**' the house.)

Sub lesson three:

أمَامَ

This means 'infront'

- Usually has a *fathah* on the letter *meem.*
- It is always مضاف and therefore مضاف إليه will come after it, which is ALWAYS in the جرّ state

Example:

الطَّالِبُ أمامَ الأستاذ (The student is '**infront**' of the teacher.)

Vocabulary

America	أَمْرِيْكَا		Knife	سِكِّيْن
Iraq	عِرَاق		Germany	أَلْمَانِيَا
Switzerland	سُوَيْسِرَا		England	إِنْكَلْتَرَا
France	فَرَنْسَا		Hospital	مُسْتَشْفَى
Behind	خَلْف		In front of	أَمَام
			Blackboard	السبّورة

الدَّرْسُ التَّاسِعُ

Lesson Nine

(أ)

مَنْ هَذَا الرَّجُلُ؟ هُوَ عَبَّاسٌ

عَبَّاسٌ تَاجِرٌ، عَبَّاسٌ تَاجِرٌ غَنِيٌّ

حَامِدٌ مُدَرِّسٌ، حَامِدٌ مُدَرِّسٌ جَدِيْدٌ

مَا هَذَا؟ هَذَا تُفَّاحٌ

التُّفَّاحُ فَاكِهَةٌ لَذِيْذَةٌ

مَا ذَلِكَ؟ ذَلِكَ عُصْفُوْرٌ

الْعُصْفُوْرُ طَائِرٌ صَغِيْرٌ

الْعَرَبِيَّةُ لُغَةٌ سَهْلَةٌ

الْعَرَبِيَّةُ لُغَةٌ جَمِيْلَةٌ

عَمَّارٌ طَالِبٌ مُجْتَهِدٌ وَمَحْمُوْدٌ طَالِبٌ كَسْلَانُ

مَنْ أَنْتَ؟ أَنَا طَالِبٌ

أَأَنْتَ طَالِبٌ جَدِيْدٌ؟ نَعَمْ ، أَنَا طَالِبٌ جَدِيْدٌ

تَمْرِيْنٌ (1)
Exercise – 1

(1) اِقْرَأْ وَاكْتُبْ

(1) محمّد طالب قديم

(2) أذلك الرجل مدرّس جديد؟ لا ، هو طبيب جديد

(3) هذا درس سهل

(4) عبّاس تاجر شهير

(5) بلال مهندس كبير

(6) الإنكليزيّة لغة صعبة

(7) أأنت رجل غنيّ؟ لا ، أنا رجل فقير

(8) القاهرة مدينة كبيرة

(9) أأنت مدرّس قديم؟ لا ، أنا مدرّس جديد

(10) أحامد طالب كسلان؟ لا ، هو طالب مجتهد

(2) ضَعْ فِيْ الْفَرَاغِ فِيْ الْجُمَلِ الْآتِيَةِ نَعْتًا مُنَاسِبًا

(1) خَدِيْجَةُ طَالِبَةٌ ....

(2) خَالِدٌ تَاجِرٌ ....

(3) الْعَرَبِيَّةُ لُغَةٌ ....

(4) الْعُصْفُوْرُ طَائِرٌ ....

(5) التُّفَّاحُ فَاكِهَةٌ ....

(6) أَنَا مُدَرِّسٌ ....

(7) مُحَمَّدٌ طَبِيْبٌ ....

(8) الْإِنْكِلِيْزِيَّةُ لُغَةٌ ....

(9) أَأَنْتَ طَالِبٌ ....

(10) الْقَاهِرَةُ مَدِيْنَةٌ ....

(3) ضَعْ فِيْ الْمَكَانِ الْخَالِيْ فِيْ الْجُمَلِ الآتِيَةِ مَنْعُوْتًا مُنَاسِبًا

(1) الْعَرَبِيَّةُ .... سَهْلَةٌ

(2) أَنَا .... قَدِيْمٌ

(3) عَمَّارٌ .... غَنِيٌّ

(4) هَذَا .... مَكْسُوْرٌ

(5) فَيْصَلٌ .... كَسْلَانُ

(4) إِقْرَأْ

كَسْلَان (Lazy)	جَوْعَان (hungry)	عَطْشَان (Thirsty)	غَضْبَان	مَلْآن (Replete)

(1) أَنَا جَوْعَانُ

(2) أَأَنْتَ جَوْعَانُ؟ لَا ، أَنَا عَطْشَانُ

(3) لِمَاذَا الْمُدَرِّسُ غَضْبَانُ الْيَوْمَ؟

(4) الْكُوْبُ مَلْآنُ

(ب)

أَيْنَ الْمُدَرِّسُ؟ هُوَ فِيْ الْفَصْلِ
وَأَيْنَ الْمُدَرِّسُ الْجَدِيْدُ؟ هُوَ عِنْدَ الْمُدِيْرِ

أَيْنَ الطَّالِبُ الْجَدِيْدُ؟ ذَهَبَ إِلَى الْمَكْتَبَةِ
مَنْ ذَلِكَ الرَّجُلُ الطَّوِيْلُ الَّذِيْ خَرَجَ الْآنَ مِنَ الْمَدْرَسَةِ؟
هُوَ الْمُدِيْرُ الْجَدِيْدُ

لِمَنْ تِلْكَ السَّيَّارَةُ الْجَمِيْلَةُ؟ هِيَ لِلْمُدِيْرِ الْجَدِيْدِ
لِمَنْ هَذَا الْكِتَابُ الْكَبِيْرُ؟ أَهُوَ لِلْمُدَرِّسِ؟
لَا ، هُوَ لِلطَّالِبِ الْجَدِيْدِ

أَيْنَ الْمِلْعَقَةُ الصَّغِيْرَةُ؟
هِيَ فِيْ الْكُوْبِ
أَيْنَ الْكُرْسِيُّ الْمَكْسُوْرُ؟
هُوَ هُنَاكَ

(1) اقْرَأْ وَاكْتُبْ

(1) الطبيب الجديد في المستشفى والطبيب القديم في المستوصف

(2) القلم المكسور على المكتب

(3) المروحة الجديدة في الغرفة الكبيرة

(4) اللغة العربيّة سهلة

(5) الولد الطّويل الذي خرج من الفصل الآن طالب من الهند

(6) أنا في المدرسة الثانويّة

(7) ذهب الرجل الفقير إلى الوزير

(8) جلس الطّالب الجديد خلف حامد

(9) السّكّين الكبير حادّ جدّا

(10) من هذا الولد الصّغير؟ هو ابن المدرّس الجديد

(2) اِمْلَأْ فِيْ الْفَرَاغِ فِيْمَا يَلِيْ بِالنَّعْتِ الَّذِيْ بَيْنَ قَوْسَيْنِ بَعْدَ تَحْلِيَتِهِ بِ(اَلْ) عِنْدَ اللُّزُوْمِ

(1) أَيْنَ الْمُدَرِّسُ ....الجديد........ ؟ (جديد)

(2) التَّاجِرُ ....الكبير........ فِيْ السُّوْقِ (كبير)

(3) أَنَا طَالِبٌ ....القديم........ (قديم)

(4) جَلَسَ الطَّالِبُ ....الجديد........ خَلْفَ مُحَمَّدٍ (جديد)

(5) مَنِ الْوَلَد ....الطويل........ الَّذِيْ خَرَجَ الْآنَ مِنَ الْفَصْلِ؟ (طويل)

(6) عَمَّارٌ وَلَدٌ .... (قصير)

(7) فَيْصَلٌ طَبِيْبٌ .... (شهير)

(8) لِمَنْ هَذَا السَّرِيْرُ ....؟ (مكسور)

(9) أَيْنَ السِّكِّيْنُ .... ؟ (حادّ)

(10) لِمَنْ هَذِهِ السَّيَّارَةُ .... ؟ (جميلة)

(3) اقْرَأْ

(1) الطالب الذي خرج من الفصل الآن من إندونيسيا

(2) الكتاب الذي على المكتب للمدرّس

(3) لمن هذا القلم الجميل الذي على المكتب؟

(4) البيت الكبير الذي في ذلك الشارع للوزير

(5) السرير الذي في غرفة خالد مكسور

بَيْتٌ	جَدِيْدٌ
↓	↓
مَنْعُوْتٌ	نَعْتٌ

Main lesson:

- This lesson is regarding the sentence structure of مَنْعُوْت & نَعْت.
- The منعوت is the **first noun** and it is the **described/qualified noun**.
- The نعت is the **second noun** and it is the **adjective** **(describing/qualifying noun).**
- In English the adjective comes first, then the described noun, in Arabic it is opposite.
- The نعت (adjective) corresponds with the منعوت (described noun) generally in the following:
    1. **Gender**: If the منعوت is masculine then the نعت will also be masculine & vice versa.
    2. **Definite/indefinite particle**: If the منعوت is definite then the نعت will also be definite. If the منعوت is indefinite then the نعت will also be indefinite.
    3. **Number**: If the منعوت is singular then the نعت will be singular, etc.
    4. **Case**: The منعوت will be in the same case as the نعت.

Example:

طَالِبٌ جَدِيْدٌ

A **new** student.

Notice: The نعت (جديد) is the same as the منعوت (طالب) in the following ways:

1) Male gender
2) Indefinite
3) Singular noun (number)
4) Case (nominative) (مرفوع)

Notice the translation order has changed in this example.

Sub lesson one:

- Adjectives ending in (ان) will not have a تنوين on the last letter

Example:

طَالِبٌ كَسْلَانُ

A lazy student

Notice there is no تنوين on the last letter of the adjective.

Sub lesson two:

اَلَّذِي

This is a **masculine relative noun**, which joins one sentence to another. It is translated as **who** (for humans) & **which** (for animals & things).

الطالب اَلَّذِي خرج من الفصل

The (singular male) student **who** left the class.

Sub lesson three:

When لِ comes before a noun which has ال proceeding it then the *Hamzah* is dropped in writing.

اَلْمُدِيْرُ ← لِلْمُدِيْرِ

Sub lesson four:

عِنْدَ

This means 'by'

- It generally has a *Fathah* on the last letter (د).
- It is always مضاف, and therefore مضاف إليه will come after it, which is ALWAYS in the جر state.

Example:

جَاءَ زَيْدٌ عِنْدَ البَابِ

Zaid came **by** the door.

Vocabulary

Easy	سَهْل
Hardworking	مُجْتَهِد
Famous	شَهِيْر
Secondary School	الْمَدْرَسَة الثَّانَوِيَّة
Minister	وَزِيْر
Sharp	حَادّ
Indonesia	إِنْدُوْنِيْسِيَا
Library	مَكْتَبَة
Right now	الْآنَ
Clinic	مُسْتَوْصَف
Fan	مِرْوَحَة
Kuwait	كُوَيْت
Angry	غَضْبَان
Replete	مَلْآن

English	إِنْكِلِيْزِيَّة
Difficult	صَعْب
Madinah	مَدِيْنَة
Cairo	قَاهِرَة
Day	يَوْم
Why?	لِمَاذَا؟
Cup	كُوْب
Fruit	فَاكِهَة
Sparrow	عُصْفُوْر
Bird	طَائِر
Arabic	عَرَبِيَّة
Language	لُغَة
Lazy	كَسْلَان
Hungry	جَوْعَان
Thirsty	عَطْشَان

الدَّرْسُ الْعَاشِرُ

Lesson Ten

حَامِدٌ: مَنْ أَنْتَ؟

مُحَمَّدٌ: أَنَا طَالِبٌ بِالْجَامِعَةِ

حَامِدٌ: أَأَنْتَ طَالِبٌ جَدِيْدٌ؟

مُحَمَّدٌ: نَعَمْ ، أَنَا طَالِبٌ جَدِيْدٌ

حَامِدٌ: مِنْ أَيْنَ أَنْتَ

مُحَمَّدٌ: أَنَا مِنَ الْهِنْدِ

حَامِدٌ: مَا اسْمُكَ؟

مُحَمَّدٌ: اسْمِي مُحَمَّدٌ

حَامِدٌ: وَمَنْ هَذَا الْفَتَى الَّذِيْ مَعَكَ؟

مُحَمَّدٌ: هُوَ زَمِيْلِيْ

حَامِدٌ: أَهُوَ أَيْضًا مِنَ الْهِنْدِ؟

مُحَمَّدٌ: لَا ، هُوَ مِنَ الْيَابَانِ

حَامِدٌ: مَا اسْمُهُ؟

مُحَمَّدٌ: اسْمُهُ حَمْزَةُ

حَامِدٌ: مَا لُغَتُكَ يَا مُحَمَّدُ؟

مُحَمَّدٌ: لُغَتِي الْأُرْدِيَّةُ

حَامِدٌ: أَهِيَ لُغَةٌ سَهْلَةٌ؟

مُحَمَّدٌ: نَعَمْ ، هِيَ لُغَةٌ سَهْلَةٌ

حَامِدٌ: وَحَمْزَةُ ، مَا لُغَتُهُ؟

مُحَمَّدٌ: لُغَتُهُ الْيَابَانِيَّةُ وَهِيَ لُغَةٌ صَعْبَةٌ

حَامِدٌ: أَيْنَ أَبُوْكَ يَا مُحَمَّدُ؟

مُحَمَّدٌ: أَبِيْ فِيْ الْكُوَيْتِ ، هُوَ طَبِيْبٌ شَهِيْرٌ

حَامِدٌ: وَأَيْنَ أُمُّكَ؟

مُحَمَّدٌ: هِيَ أَيْضًا فِيْ الْكُوَيْتِ مَعَ أَبِيْ ، هِيَ مُدَرِّسَةٌ هُنَاكَ

حَامِدٌ: أَذَهَبْتَ إِلَى الْكُوَيْتِ يَا مُحَمَّدُ؟

مُحَمَّدٌ: نَعَمْ ، ذَهَبْتُ

حَامِدٌ: وَزَمِيْلُكَ ، أَيْنَ هُوَ؟

مُحَمَّدٌ: أَبُوْهُ فِيْ الْيَابَانِ هُوَ تَاجِرٌ كَبِيْرٌ

حَامِدٌ: أَلَكَ أَخٌ يَا مُحَمَّدُ؟

مُحَمَّدٌ: نَعَمْ ، لِيْ أَخٌ وَاحِدٌ اسْمُهُ أُسَامَةُ وَهُوَ مَعِيْ هُنَا فِيْ الْمَدِيْنَةِ الْمُنَوَّرَةِ

وَلِيَ أُخْتٌ وَاحِدَةٌ اسْمُهَا زَيْنَبُ وَهِيَ فِيْ الْعِرَاقِ مَعَ زَوْجِهَا ، زَوْجُهَا مُهَنْدِسٌ

حَامِدٌ: أَعِنْدَكَ سَيَّارَةٌ يَا أَخِيْ؟

مُحَمَّدٌ: لَا ، مَا عِنْدِيْ سَيَّارَةٌ ، عِنْدِيْ دَرَّاجَةٌ

حَمْزَةُ ، عِنْدَهُ سَيَّارَةٌ

تَمْرِين (1)
Exercise – 1

(1) أَجِبْ عَنِ الأَسْئِلَةِ الآتِيَةِ

(1) مَا اسْمُكَ؟ اسمي همس   (2) مِنْ أَيْنَ أَنْتَ؟ أنا من اليمن   (3) مَا لُغَتُكَ؟ لغتي الأردية

(4) أَيْنَ أَبُوكَ؟ أبي في الكويت   (5) أَيْنَ أُمُّكَ؟ هي أيضا في الكويت   (6) أَلَكَ أَخٌ؟ نعم أخ داخل

(7) أَلَكَ أُخْتٌ؟ نعم في مدرسة   (8) أَعِنْدَكَ سَيَّارَةٌ؟   (9) أَعِنْدَكَ دَرَّاجَةٌ؟

(10) أَعِنْدَكَ قَلَمٌ؟   (11) أَعِنْدَكَ دَفْتَرٌ؟   (12) أَأَبُوكَ تَاجِرٌ؟

(13) مِنْ أَيْنَ مُحَمَّدٌ؟   (14) مَا لُغَتُهُ؟   (15) أَيْنَ أَبُوهُ؟

(16) أَيْنَ أُمُّهُ؟   (17) مِنْ أَيْنَ حَمْزَةُ؟   (18) مَا لُغَتُهُ؟

(19) أَيْنَ أَبُوهُ؟   (20) أَيْنَ زَيْنَبُ؟   (21) أَيْنَ زَوْجُهَا؟

(22) أَزَوْجُهَا مُدَرِّسٌ؟

(2) ضَعْ فِي الفَرَاغِ فِيمَا يَلِي الضَّمِيرَ (هُ / هَا)

(1) هَذِهِ البِنْتُ طَالِبَةٌ، اسْمُ...هَا... زَيْنَبُ

(2) مُحَمَّدٌ طَبِيبٌ، وَابْنُ...هُ... مُهَنْدِسٌ

(3) هَذَا الرَّجُلُ تَاجِرٌ كَبِيرٌ، اسْمُ...هُ... عَبْدُ الله

(4) آمِنَةُ فِي الغُرْفَةِ وَأُمُّ...هَا... فِي المَطْبَخِ

(5) عَائِشَةُ طَبِيبَةٌ، وَأُخْتُ...هَا... مُمَرِّضَةٌ

(6) خَرَجَ مُحَمَّدٌ مِنَ الفَصْلِ وَخَرَجَ مَعَ...هُ... زَمِيلٌ

(3) هَاتِ خَمْسَةَ أَسْئِلَةٍ وَأَجْوِبَةٍ كَالْمِثَالِ الآتِيْ

المثال: أَعِنْدَكَ قَلَمٌ؟ نَعَمْ ، عِنْدِيْ قَلَمٌ

(1) ....

(2) ....

(3) ....

(4) ....

(5) ....

(4) هَاتِ خَمْسَةَ أَسْئِلَةٍ وَأَجْوِبَةٍ كَالْمِثَالِ الآتِيْ

المثال: أَعِنْدَكَ قَلَمٌ؟ لَا ، مَا عِنْدِيْ قَلَمٌ

(1) ....

(2) ....

(3) ....

(4) ....

(5) ....

تَأَمَّلْ مَا يَلِي:

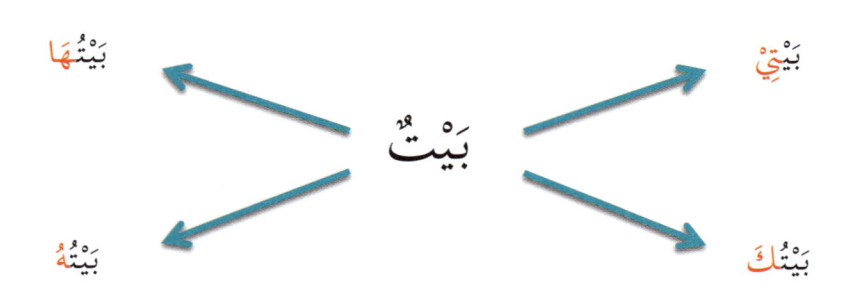

بَيْتٌ
بَيْتِي
بَيْتُكَ
بَيْتُهَا
بَيْتُهُ

(5) أَضِفِ الْأَسْمَاءَ الْآتِيَةَ إِلَى الْمُتَكَلِّمِ وَالْمُخَاطَبِ وَالْغَائِبِ وَالْغَائِبَةِ كَمَا هُوَ مُوَضَّحٌ فِي الْمِثَالِ

قَلَمٌ:	هَذَا قَلَمِي	هَذَا قَلَمُكَ	هَذَا قَلَمُهُ	هَذَا قَلَمُهَا
كِتَابٌ:	....	....	....	....
سَرِيْرٌ:	....	....	....	....
اِسْمٌ:	....	....	....	....
مِنْدِيْلٌ:	....	....	....	....
اِبْنٌ:	....	....	....	....
سَيَّارَةٌ:	....	....	....	....
مِفْتَاحٌ:	....	....	....	....
يَدٌ:	....	....	....	....

(6) اِقْرَأْ

لِيْ　　لَكَ　　لَهُ　　لَهَا

(1) لي أخت واحدة

(2) ألك أخ؟ لا ، ما لي أخ

(3) أختي لها طفل صغير

(4) زميلي له أخ وأخت

(نَقُوْلُ: عِنْدِيْ كِتَابٌ ، وَنَقُوْلُ: لِيْ أَخٌ ، لَا نَقُوْلُ: عِنْدِيْ أَخٌ)

(7) مَعَ

(1) خَرَجَ حَامِدٌ مَعَ خَالِدٍ

(2) ذَهَبَ الطَّبِيْبُ مَعَ الْمُهَنْدِسِ

(3) جَلَسَ الْمُدَرِّسُ مَعَ الْمُدِيْرِ

(4) مَنْ مَعَكَ يَا عَلِيُّ؟ مَعِيْ زَمِيْلِيْ

(5) آمِنَةُ مَعَهَا زَوْجُهَا

(6) خَرَجَ أَبِيْ مِنَ الْبَيْتِ ، مَنْ خَرَجَ مَعَهُ؟ خَرَجَ مَعَهُ عَمِّيْ

بَيْتٌ	بَيْتُكَ	بَيْتُهُ	بَيْتُهَا	بَيْتِيْ
أَبٌ	أَبُوْكَ	أَبُوْهُ	أَبُوْهَا	أَبِيْ
أَخٌ	أَخُوْكَ	أَخُوْهُ	أَخُوْهَا	أَخِيْ

(1) أَبِيْ وَأُمِّيْ فِيْ الْبَيْتِ

(2) أَيْنَ أَبُوْكَ يَا حَامِدُ؟ ذَهَبَ إِلَى السُّوْقِ

(3) أَأَخُوْكَ طَبِيْبٌ؟ لَا ، هُوَ مُدَرِّسٌ

(4) زَيْنَبُ فِيْ الرِّيَاضِ ، أَخُوْهَا فِيْ الطَّائِفِ وَأَبُوْهَا فِيْ الْمَدِيْنَةِ الْمُنَوَّرَةِ

(5) هَذَا الطَّالِبُ أَبُوْهُ وَزِيْرٌ وَأَخُوْهُ تَاجِرٌ كَبِيْرٌ

(6) ذَهَبَ أَخِيْ إِلَى الْمَدْرَسَةِ وَذَهَبَ أَبِيْ إِلَى الْجَامِعَةِ

مُحَمَّدٌ	خَالِدٌ	حَامِدٌ	عَبَّاسٌ	مَحْمُوْدٌ
حَمْزَةُ	طَلْحَةُ	أُسَامَةُ	مُعَاوِيَةُ	عِكْرَمَةُ

(8) اِقْرَأِ الْأَسْمَاءَ الْآتِيَةَ وَاضْبِطْ أَوَاخِرَهَا

خالد	حمزة	عمّار	أنس
معاوية	حامد	أسامة	عكرمة
عبّاس	محمّد	طلحة	

Main lesson:

ي   هَا   هُ   كَ

These four are from amongst the أسماء الضمائر (pronouns). They are possessive pronouns.

Example:

قَلَمِيْ	قَلَمُهَا	قَلَمُهُ	قَلَمُكَ
MY pen	HER pen	HIS pen	YOUR pen

- When a noun proceeds these pronouns then the proceeding noun will be a مضاف and the pronoun will be مضاف إليه.

Sub lesson one:

An extra *Waaw* (و) is added to the end of أَبٌ 'father' & أَخٌ 'brother' when it is مضاف.

Example:

✗	✓
أَبُكَ	أَبُوْكَ
أَبُ سَعِيْدٍ	أَبُوْ سَعِيْدٍ

(Notice the extra *Waaw* added. It is added in **most** cases.)

Sub lesson four:

مَعَ

This means 'With'

- It generally has a *Fathah* on the last letter (ع).
- It is always مضاف , therefore مضاف إليه will come after it, which is ALWAYS in the جر state.

Example:

هِيَ فِيْ الْكُوَيْتِ مَعَ الأُسْتَاذِ

She is in Kuwait **with** the teacher.

Sub lesson two:

When the حرف الجرّ (preposition)

ل

proceeds a pronoun then in most cases it will have a *Fathah* on it;

لَهُ   لَهَا   لَكَ

However لِيْ will have a *Kasrah*.

Sub lesson five:

ب

This preposition has come before, which means 'with.' However it can also mean 'in' and 'at.'

Example:

أنَا طَالِبٌ بِالْجَامِعَةِ

I am a student **at** the university.

Sub lesson three:

Male proper nouns with a (ة) will not have a تنوين .

Example:

حَمْزَةُ ، أُسَامَةُ ، مُعَاوِيَةُ

(Notice the absence of تنوين on the last letter.)

Sub lesson six:

مَا

In lesson 1 مَا had the meaning of 'what' (a question).

However, it can also have a **negative** meaning.

Example:

مَا عِنْدِي سَيَّارَة

There is **no** car with me.

Vocabulary

Young man	فَتَى
One	وَاحِد
With	مَعَ

Classmate	زَمِيْل
Husband	زَوْج
Child	طِفْل

الدَّرْسُ الحَادِيَ عَشَرَ

Lesson Eleven

بَيْتِيْ

هذا بيتي ، بيتي أمام المسجد ، بيتي جميل ، فيه حديقة صغيرة ، هذه غرفتي ، فيها نافذة كبيرة ومروحة جميلة. هذا سريري وهذا كرسِيِّي وهذا مكتبي ، ساعتي وقلمي وكتابي على المكتب وحقيبتي تحت المكتب. نافذة غرفتي مفتوحة ، هذه غرفة أخي ، وتلك غرفة أختي. غرفة أخي كبيرة وغرفة أختي صغيرة. غرفة أخي أمام غرفتي وغرفة أختي أمام المطبخ. لي أخٌ واحدٌ اسْمُه أسامةُ ، وَلِيَ أختٌ واحدة اسْمُها سُعَادُ. أبي وأمّي في تلك الغرفة الكبيرة. أنا أُحِبُّ أبي وأمّي. وأحبّ أخي وأختي.

تَمْرِينٌ (1)
Exercise – 1

(1) اِقْرَأْ وَاكْتُبْ

(1) من في هذا البيت؟ فيه حامدٌ

(2) ماذا في الحقيبة؟ فيها كتابي وقلمي ودفتري

(3) مَنْ في السيّارة؟ فيها أبي وأمّي وأخي وأختي

(4) مَنْ في مسجد الجامعة الآن؟ ما فيه أَحَدٌ

(5) مَنْ في هذه الغرفة؟ فيها المدير

(2) اِقْرَأْ

(1) أحبّ أبي وأمّي

(2) أحبّ أخي وأختي

(3) أحبّ خالي وعَمِّي

(4) أحبّ أستاذي

(5) أحبّ الله

(6) أحبّ النبيّ صلّى الله عليه وسلّم

(7) أحبّ اللُّغَةَ العربيّة

Main lesson:

فِيْهَا فِيْه

- In this lesson we learn the words فيه & فيها.
- Both are made from (حرف الجرّ) في and pronouns.
- Both mean 'in it' except that:
    - فيه is used when referring to masculine and
    فيها is used when referring to feminine.

Example:

من في هذا البيت؟ فيه حامد

Who is in this house? Hamid is **in it**.

Notice the masculine pronoun is used as it is referring to بيت which is masculine.

من هذا في السيّارة؟ فيها أخي

Who is in this car? My brother is **in it**.

Notice the feminine pronoun is used as it is referring to سيّارة which is feminine.

الدَّرْسُ الثَّانِيَ عَشَرَ

Lesson Twelve

سُعَاد: السلام عليكِ ورحمة الله وبركاته

الْبِنْتُ: وعليكِ السلام ورحمة الله وبركاته

سُعَاد: كيف حالُكِ يا بنتُ؟

الْبِنْتُ: أَنا بِخَيْرٍ والحمد لله

سُعَاد: مِنْ أيْنَ أَنْتِ؟

الْبِنْتُ: أَنَا مِنَ الرِّيَاضِ

سُعَاد: مَا اسْمُكِ؟

الْبِنْتُ: اسْمِيْ آمِنَةُ

سُعَاد: أَيْنَ أَبُوْكِ؟

الْبِنْتُ: أَبِيْ هُنَا فِيْ الْمَدِيْنَةِ الْمُنَوَّرَةِ ، هُوَ مُفَتِّشٌ فِيْ الْمَدْرَسَةِ الثَّانَوِيَّةِ

سُعَاد: وَأَيْنَ أُمُّكِ؟

الْبِنْتُ: هِيَ أَيْضًا هُنَا ، هِيَ طَبِيْبَةٌ فِيْ مُسْتَشْفَى الْوِلَادَةِ

سُعَاد: وَمَنْ هَذِهِ الْفَتَاةُ الَّتِيْ مَعَكِ؟ أَهِيَ أُخْتُكِ؟

الْبِنْتُ: لَا ، هِيَ بِنْتُ عَمِّيْ

سُعَاد: مَا اسْمُهَا؟

الْبِنْتُ: اسْمُهَا فَاطِمَةُ

سُعَاد: أَهِيَ زَمِيْلَتُكِ؟

الْبِنْتُ: لَا ، أَنَا فِيْ الْمَدْرَسَةِ الْمُتَوَسِّطَةِ وَهِيَ فِيْ الْمَدْرَسَةِ الثَّانَوِيَّةِ

سُعَاد: أَلَكِ أُخْتٌ؟

الْبِنْتُ: لَا ، مَا لِيْ أُخْتٌ

سُعَاد: أَلَكِ أَخٌ؟

الْبِنْتُ: نَعَمْ ، لِيْ أَخٌ كَبِيْرٌ وَهُوَ طَالِبٌ بِالْجَامِعَةِ

سُعَاد: وَمَنْ هَذَا الطِّفْلُ الَّذِيْ مَعَكِ؟

الْبِنْتُ: هُوَ ابْنُ أَخِيْ

سُعَاد: مَا اسْمُهُ؟

الْبِنْتُ: اسْمُهُ سَعْدٌ

سُعَاد: أَأُمُّكِ فِيْ الْبَيْتِ الْآنَ؟

الْبِنْتُ: لَا ، ذَهَبَتْ إِلَى الْمُسْتَشْفَى

تَمْرِينٌ (1)

Exercise – 1

(1) اِقْرَأْ وَاكْتُبْ

(1) كيف حالك يا أبي؟

(2) كيف حالك يا أمّي؟

(3) أين ابنك يا زينب؟ ذهب إلى المسجد

(4) أين بنتك يا آمنة؟ ذهبتْ إلى المدرسة

(5) لمن هذه السّاعة الجميلة؟ أهي لك يا فاطمة؟ نعم ، هي لي

(6) أهذا قلمك يا محمّد؟ لا ، هذا قلمك أنتَ

(7) تلك السّيّارة الجميلة التي خرجتِ الآن مِنَ المدرسة للمدير

(8) أأَنْت مهندس يا أخي؟ لا ، أنا طبيب

(9) أأنت طبيبة يا أختي؟ لا ، أنا مدرِّسة

(2) اِقْرَأْ كُلَّ جُمْلَةٍ مِنَ الْجُمَلِ الْآتِيَةِ ، ثُمَّ اقْرَأْهَا مَرَّةً أُخْرَى بَعْدَ تَغْيِيْرِ الْمُنَادَى كَمَا هُوَ مُوَضَّحٌ فِيْ الْمِثَالِ

مثال: أَيْنَ قَلَمُكَ يَا أَبِيْ؟ — أَيْنَ قَلَمُكِ يَا أُمِّيْ؟

(1) أعندك قلم يا محمّد؟ — .... يا آمنة؟

(2) أين بيتك يا أستاذي؟ — .... يا أستاذتي؟

(3) أهذا الدفتر لك يا عليّ؟ — .... يا فاطمة؟

(4) من أين أنت يا أخي؟ — .... يا أختي؟

(5) أين أبوك يا خالد؟ — .... يا خديجة؟

(6) أأنت مريض يا خالي؟ .... يا خالتي؟

(7) أين بنتك يا عمّي؟ .... يا عمّتي؟

(8) ألك أخ يا حامد؟ .... يا سُعاد؟

(9) ماذا عندك يا أخي؟ .... يا أختي؟

(10) السلام عليك يا أبي .... يا أمّي

(3) أَنِّثِ الْفَاعِلَ فِيْ كُلٍّ مِنَ الْجُمَلِ الْآتِيَةِ

مثال: خَرَجَ مُحَمَّدٌ مِنَ الْبَيْتِ خَرَجَتْ آمِنَةُ مِنَ الْبَيْتِ

(1) ذهب المدرّس إلى الفصل ....

(2) ذهب أبي إلى المستشفى ....

(3) جلس الطّالب في الفصل ....

(4) خرج أخي من البيت ....

(4) تَأَمَّلْ مَا يَلِيْ

جَلَسَتْ الطَّالِبَةُ ← ـْ + ال	=	ـِ + ال ← جَلَسَتِ الطَّالِبَةُ

(5) اِقْرَأِ الْجُمَلَ الْآتِيَةَ

(1) مَنِ الْفَتَى الَّذِيْ خَرَجَ مِنْ بَيْتِكَ الْآنَ؟ هُوَ ابْنُ عَمِّيْ

(2) مَنِ الْفَتَاةُ الَّتِيْ خَرَجَتْ مِنْ بَيْتِكَ الْآنَ يَا مُحَمَّدُ؟ هِيَ بِنْتُ خَالَتِيْ

(3) لِمَنِ الْمِفْتَاحُ الَّذِيْ عَلَى الْمَكْتَبِ؟ هُوَ لِلْمُدَرِّسِ

(4) لِمَنِ السَّاعَةُ الَّتِيْ عَلَى السَّرِيْرِ؟ هِيَ لِزَوْجِ أُخْتِيْ

(6) أَكْمِلِ الْجُمَلَ الْآتِيَةَ بِوَضْعِ اسْمِ مَوْصُوْلٍ مُنَاسِبٍ (الَّذِيْ ، الَّتِيْ) فِيْ الْفَرَاغِ

(1) الْكِتَابُ .... عَلَى الْمَكْتَبِ لِلْمُدَرِّسِ

(2) الْقَلَمُ .... فِيْ حَقِيْبَتِيْ مَكْسُوْرٌ

(3) السَّيَّارَةُ .... خَرَجَتْ مِنَ الْمُسْتَشْفَى الْآنَ لِلطَّبِيْبِ الْجَدِيْدِ

(4) الْكَلْبُ .... فِيْ الْحَدِيْقَةِ مَرِيْضٌ

(5) الْفَتَى .... خَرَجَ مِنَ الْمَسْجِدِ الْآنَ ابْنُ الْمُؤَذِّنِ

(6) تِلْكَ الْبَطَّةُ .... تَحْتَ الشَّجَرَةِ لِبِنْتِ الْفَلَّاحِ

(7) الْبَيْتُ الْجَدِيْدُ .... فِيْ ذَلِكَ الشَّارِعِ لِلْوَزِيْرِ

(8) الدَّرْسُ .... بَعْدَ هَذَا الدَّرْسِ سَهْلٌ جِدًّا

(9) مَنِ الْفَتَاةُ .... جَلَسَتْ أَمَامَ الْمُدَرِّسَةِ؟ هِيَ طَالِبَةٌ مِنْ مَالِيْزِيَا

(10) أَتِلْكَ الْحَقِيْبَةُ .... تَحْتَ الْمَكْتَبِ لَكَ يَا خَالِدُ؟ لَا ، هِيَ لِصَدِيْقِيْ مُحَمَّدٍ

Main lesson one:

أَنْتِ

This means 'you one (female)'

- This is from amongst the أَسْمَاءُ الضَّمَائِرِ (Pronouns). It is used for indicating to **one present female**. Four other pronouns were mentioned in lesson 4.

Pronoun	Used for	Example
هُوَ	Indicating to one <u>**non-present male**</u> being, animal or thing	أين الولد؟ **هو** في المسجد
هِيَ	Indicating to one <u>**non-present female**</u> being, animal or thing	أين فاطمة؟ **هي** في البيت
أَنَا	Indicating to oneself, male or female	من أين أنت؟ **أنا** من سوريا
أَنْتَ	Indicating to one <u>**present male**</u>.	من أين **أنتَ** يا محمّد؟
أَنْتِ	Indicating to one <u>**present female**</u>.	من أين **أنتِ** يا فاطمة؟

Main lesson two:

كِ

This is from amongst the أَسْمَاءُ الضَّمَائِرِ (Pronouns). It is used for indicating to a female possessor. Hence it is a possessive pronoun. Four other possessive pronouns were also discussed earlier in lesson 10.

<u>Example</u>:

قَلَمُكِ	قَلَمُكَ	قَلَمُهُ	قَلَمُهَا	قَلَمِيْ
YOUR (F) pen	YOUR (M) pen	HIS pen	HER pen	MY pen

Main lesson three:

(She went) ذَهَبَتْ

When we want to indicate to a non-present female (singular) in a verb then you add on a تْ with a *Saakin*.

Maryam <u>went</u> to the university. ذَهَبَتْ مَرْيَمُ إِلَى الْجَامِعَةِ

NOTE: If the word after a verb in this feminine form has (ال) proceeding it then the *Saakin* will change to *Kasrah.*

The (female) student <u>went</u> to the university. ذَهَبَتِ الطَّالِبَةُ إِلَى الْجَامِعَةِ

Sub lesson one:

الَّتِي

This is a **female relative noun**, it joins one sentence to another. It is translated as **who** (for humans) & **which** (for animals & things).

الطالبة <u>الَّتِيْ</u> خرجتْ من الفصل

The (singular female) student **who** left the class.

Sub lesson two:

هَذَا قَلَمُكِ أَنْتِ

In this sentence هذا قلمك means 'this is your pen', and the pronoun أنتِ has been added for **emphasis** (removing doubt & dispute).

Some other pronouns can also be added to a sentence to create emphasis.

Vocabulary

Young lady	فَتَاة
Notebook	دَفْتَر
I am well	أَنَا بِخَيْر
Malaysia	مَالِيْزِيَا
How are you?	كَيْفَ حَالُك؟
After	بَعْدَ
Kingdom of Saudi Arabia	الْمَمْلَكَةُ الْعَرَبِيَّة السَّعُوْدِيَّة

Tree	شَجَرَة
Syria	سُوْرِيَا
Middle school	الْمَدْرَسَة الْمُتَوَسِّطَة
Inspector	مُفَتِّش
Sir!	يَا سَيِّدِيْ
Madam!	يَا سَيِّدَتِيْ!
Maternity hospital	مُسْتَشْفَى الْوِلَادَة

الدَّرْسُ الثَّالِثَ عَشَرَ

Lesson Thirteen

(١)

مَنْ هَؤُلَاءِ الْفِتْيَةُ الطِّوَالُ يَا عَلِيُّ؟

هُمْ طُلَّابٌ جُدُدٌ

مِنْ أَيْنَ هُمْ؟

هُمْ مِنْ أَمْرِيْكَا

أَهُمْ زُمَلَاؤُكَ؟

نَعَمْ ، هُمْ زُمَلَائِيْ ، هُمْ فِيْ فَصْلِيْ

أَهُمْ مُجْتَهِدُوْنَ؟

نَعَمْ ، هُمْ مُجْتَهِدُوْنَ

مَا أَسْمَاؤُهُمْ؟

أَسْمَاؤُهُمْ: يَاسِرٌ وَزَكَرِيَّا وَمُوْسَى وَعَبْدُ اللهِ

وَمَنْ هَؤُلَاءِ الرِّجَالُ الْقِصَارُ؟

هُمْ حُجَّاجٌ

مِنْ أَيْنَ هُمْ؟

بَعْضُهُمْ مِنَ الصِّيْنِ وَبَعْضُهُمْ مِنَ الْيَابَانِ

أَيْنَ مُوْسَى وَأَصْدِقَاؤُهُ؟

ذَهَبُوْا إِلَى الْمَطْعَمِ

تَمْرِيْنٌ (1)

Exercise – 1

(1) حوِّلِ الْمُبْتَدَأَ فِيْ كُلِّ مِنَ الْجُمَلِ الْآتِيَةِ إِلَى جَمْعٍ

مثال: هَذَا طَالِبٌ   هَؤُلَاءِ طُلَّابٌ   (طُلَّابٌ)

(1) هَذَا تَاجِرٌ .... (تُجَّارٌ)

(2) هَذَا حَاجٌّ .... (حُجَّاجٌ)

(3) هَذَا رَجُلٌ .... (رِجَالٌ)

(4) هَذَا كَبِيْرٌ .... (كِبَارٌ)

(5) هَذَا صَغِيْرٌ .... (صِغَارٌ)

(6) هَذَا قَصِيْرٌ .... (قِصَارٌ)

(7) هَذَا طَوِيْلٌ .... (طِوَالٌ)

(8) هَذَا وَلَدٌ .... (أَوْلَادٌ)

(9) هَذَا ابْنٌ .... (أَبْنَاءُ)

(10) هَذا عَمٌّ .... (أَعْمَام)

(11) هَذَا شَيْخٌ .... (شُيُوْخٌ)

(12) هَذَا ضَيْفٌ .... (ضُيُوْفٌ)

(13) هَذَا زَمِيْلٌ .... (زُمَلَاءُ)

(14) هَذَا فَقِيْرٌ .... (فُقَرَاءُ)

(15) هَذَا غَنِيٌّ .... (أَغْنِيَاءُ)

(16) هَذَا صَدِيْقٌ .... (أَصْدِقَاءُ)

(17) هَذَا طَبِيْبٌ .... (أَطِبَّاءُ)

(18) هَذا فَتًى .... (فِتْيَةٌ)

(19) هَذَا أَخٌ .... (إِخْوَةٌ)

(20) هَذَا جَدِيْدٌ .... (جُدُدٌ)

(21) هَذَا مُدَرِّسٌ .... (مُدَرِّسُوْنَ)

(22) هَذَا مُهَنْدِسٌ .... (مُهَنْدِسُوْنَ)

(23) هَذَا فَلَّاحٌ .... (فَلَّاحُوْنَ)

(24) هَذَا مُجْتَهِدٌ .... (مُجْتَهِدُوْنَ)

(25) هَذَا مُسْلِمٌ .... (مُسْلِمُوْنَ)

(2) حَوِّلِ الْمُفْرَدَاتِ الْمَكْتُوْبَةَ بِاللَّوْنِ الْأَزْرَقِ إِلَى جُمُوْعٍ كَمَا هُوَ مُوَضَّحٌ فِيْ الْمِثَالِ

مثال: مَنْ هَذَا الرَّجُلُ؟ هُوَ حَاجٌّ — مَنْ هَؤُلَاءِ الرِّجَالُ؟ هُمْ حُجَّاجٌ

(1) مِنْ أَيْنَ هَذَا الطَّالِبُ؟ هُوَ مِنَ الْهِنْدِ ....

(2) أَيْنَ التَّاجِرُ الْكَبِيْرُ؟ هُوَ فِيْ السُّوْقِ ....

(3) أَيْنَ الْمُدَرِّسُ الْجَدِيْدُ؟ هُوَ عِنْدَ الْمُدِيْرِ ....

(4) أَيْنَ الطَّالِبُ الْجَدِيْدُ؟ أَهُوَ فِيْ الْفَصْلِ؟ ....

(5) أَهَذَا الطَّالِبُ غَنِيٌّ؟ لَا ، هُوَ فَقِيْرٌ ....

(6) مَنْ هَذَا الرَّجُلُ؟ هُوَ ضَيْفٌ ....

(7) لِيْ أَخٌ كَبِيْرٌ ، هُوَ طَالِبٌ بِالْجَامِعَةِ ....

(8) أَيْنَ صَدِيْقُكَ؟ ذَهَبَ إِلَى الْمَكْتَبَةِ ....

(9) مُحَمَّدٌ لَهُ ابْنٌ صَغِيْرٌ ، هُوَ طَالِبٌ فِيْ الْمَدْرَسَةِ ....

(10) أَزَمِيْلُكَ مُجْتَهِدٌ؟ نَعَمْ ، هُوَ مُجْتَهِدٌ ....

(3) أَضِفِ الْأَسْمَاءَ الْآتِيَةَ مَرَّةً إِلَى اسْمٍ ظَاهِرٍ وَأُخْرَى إِلَى ضَمِيرٍ كَمَا هُوَ مُوَضَّحٌ فِي الْمِثَالِ

مثال: أَبْنَاءٌ	أَبْنَاءُ مُحَمَّدٍ	أَبْنَاءُهُ
أَسْمَاءٌ:	.... الطُّلَّابِ	.... هُمْ
زُمَلَاءُ:	.... حَامِدٍ	.... كَ
أَصْدِقَاءُ :	.... الْمُدَرِّسِ	.... هُ

(4) اِقْرَأِ الْمِثَالَ ثُمَّ حَوِّلِ الْجُمَلَ الْآتِيَةَ مِثْلَهُ

مثال: الطالبُ ذَهَبَ إِلَى الْمَطْعَمِ   الطلّابُ ذَهَبُوْا إِلَى الْمَطْعَمِ

(1) الطّالب جلس في الفصل ....

(2) المدرّس خرج من المدرسة ....

(3) التّاجر ذهب إلى السّوق ....

(5) اِقْرَأْ وَاكْتُبْ

(1) الطّلّاب في الفصل

(2) من هؤلاء الأولاد؟ أهم أبناؤك؟ لا ، هم أبناء أخي

(3) من هؤلاء النّاس؟ هم حجّاج من تركيا

(4) أين التّجّار؟ ذهبوا إلى السّوق

(5) من هؤلاء الرّجال؟ هم ضيوف

(6) الفلّاحون في الحقول وأبناؤهم في المدرسة

(7) أين الطّلّاب الجدد؟ بعضهم في الفصل وبعضهم عند المدير

(8) أعمامي تجّار كبار

(9) هؤلاء إخوتي

(10) أين أبناؤك يا عليّ؟ هم في الدّكّان

(11) الطّلّاب الكبار في الملعب والطّلّاب الصّغار في الفصل

(12) هؤلاء الفتية إخوة ، أبوهم إمام هذا المسجد

(13) هؤلاء الرّجال فلّاحون من قريتي

(14) أين الطّلاب الجددُ؟ أخَرَجُوْا؟ نَعَمْ ، خرجوا وذهبوا إلى المكتبة

(15) أهؤلاء الأطبّاء مسلمون؟ نَعَمْ ، هم مسلمون

(16) لي أبناء صغار ، بعضهم في المدرسة الابتدائيّة وبعضهم في المدرسة المتوسّطة

(6) اكتب جمع الكلمات الآتية

(1) كبير ....

(2) مسلم ....

(3) رجل ....

(4) ابن ....

(5) ضيف ....

(6) فتى ....

(7) حاجّ ....

(8) أخ ....

(9) صغير ....

(10) طويل ....

(11) غنيّ ....

(12) فقير ....

(ب)

مَنْ هَؤُلَاءِ الْفَتيَاتِ يَا مَرْيَمُ؟

هُنَّ زَمِيْلَاتِيْ

أَأَخَوَاتٌ هُنَّ؟

نَعَمْ ، هُنَّ أَخَوَاتٌ

مَنْ أَبُوْهُنَّ؟

أَبُوْهُنَّ الشَّيْخُ بِلَالٌ ، أُمُّهُنَّ أُسْتَاذَتِيْ

أَيْنَ بَيْتُهُنَّ؟

بَيْتُهُنَّ قَرِيْبٌ مِنَ الْمَدْرَسَةِ

تَمْرِيْنٌ (2)
Exercise – 2

(1) حَوِّلِ الْمُبْتَدَأَ فِيْ الْجُمَلِ الْآتِيَةِ إِلَى جَمْعٍ كَمَا هُوَ مُوَضَّحٌ فِيْ الْمِثَالِ

المثال: هَذِهِ بِنْتٌ　　هَؤُلَاءِ بَنَاتٌ　　(بَنَاتٌ)

(1) هَذِهِ طَالِبَةٌ .... (طَالِبَاتٌ)

(2) هَذِهِ مُدَرِّسَةٌ .... (مُدَرِّسَاتٌ)

(3) هَذِهِ طَبِيْبَةٌ .... (طَبِيْبَاتٌ)

(4) هَذِهِ مُسْلِمَةٌ .... (مُسْلِمَاتٌ)

(5) هَذِهِ زَوْجَةٌ .... (زَوْجَاتٌ)

(6) هَذِهِ أُخْتٌ .... (أَخَوَاتٌ)

(7) هَذِهِ فَتَاةٌ .... (فَتَيَاتٌ)

(8) هَذِهِ جَدِيْدَةٌ .... (جُدُدٌ)

(9) هَذِهِ كَبِيْرَةٌ .... (كِبَارٌ)

(10) هَذِهِ صَغِيْرَةٌ .... (صِغَارٌ)

(11) هَذِهِ طَوِيْلَةٌ .... (طِوَالٌ)

(2) اِقْرَأْ وَاكْتُبْ

(1) هؤلاء إخوتي وهؤلاء أخواتي

(2) من هؤلاء الفتيات؟ هؤلاء بنات المدرّسة

(3) هؤلاء الفتيات زميلاتي ، أبوهنّ طبيب وأمّهنّ مدرّسة

(4) أين الطّالبات الجدد؟ ذهبن إلى المكتبة

(5) أين بناتك يا عمّتي؟ هنّ في المطبخ

(6) أهؤلاء الممرّضات مسلمات؟ نعم

(7) هؤلاء طبيبات ، أزواجهنّ مدرّسون

(8) من هذه المرأة؟ هي زوجة الطبيب الجديد

(9) أبناتك في المدرسة الثانويّة يا أسامة؟ بعضهنّ في المدرسة الثّانويّة وبعضهنّ في المدرسة المتوسّطة

(10) ألك بنات يا لَيْلَى؟ نعم ، لي بنات كبار ، وهنّ طالبات بالجامعة

(11) من هؤلاء النّساء الطوال؟ هنّ طبيبات من أمريكا

(12) الطبيبات خرجْنَ من المستشفى

(3) اِقْرَإِ الْمِثَالَ ثُمَّ حَوِّلِ الْجُمَلَ الْآتِيَةَ مِثْلَهُ

المثال: زينب خرجَتْ من الفصل — زينب وآمنة ومريم خرجْنَ من الفصل

(1) المدرّسة ذهبَتْ إلى الفصل ....

(2) الطَّالِبَة الجديدة جلست في الفصل ....

(3) بنت محمّد ذهبت إلى المدرسة ....

(4) أَشِرْ إِلَى الْأَسْمَاءِ التَّالِيَةِ بِاسْمِ إِشَارَةٍ لِلْقَرِيْبِ

(هَذَا ، هَذِهِ ، هَؤُلَاءِ)

(1) .... أَخِيْ

(2) .... أُخْتِيْ

(3) .... رِجَالٌ

(4) .... مُدَرِّسُوْنَ

(5) .... طَالِبَاتٌ

(6) .... أُمِّيْ

(7) .... أَبِيْ

(8) .... طَالِبَةٌ

(9) .... طَبِيْبَاتٌ

(10) .... تُجَّارٌ

(5) ضَعْ فِيْ الْأَمَاكِنِ الْخَالِيَةِ مِنَ الْجُمَلِ الْآتِيَةِ ضَمِيْرًا مُنَاسِبًا

(هُوَ ، هِيَ ، هُمْ ، هُنَّ)

(1) من هذا الرجل؟ .... مدرّسنا

(2) أين الطّالبات؟ .... في الفصل

(3) من هؤلاء الفتية؟ .... أبناء المدرّس

(4) أين الطّالبة الجديدة؟ .... في المكتبة

(5) من هؤلاء النّاس؟ .... حجّاج من الهند

(6) أين الطبيبات؟ .... في مستشفى الوِلادة

(7) من هذا الولد الذي خرج من بيتك؟ .... ابن أخي

(8) من أين هؤلاء الضّيوف؟ .... من الرّياض

(9) من أين هؤلاء الممرّضات؟ .... من الفِلِبّيْن

(10) من هذه الفتاة؟ .... بنت المدرّسة

(6) هَاتِ جَمْعَ الْأَسْمَاءِ الْآتِيَةِ

(1) أخت	....	(8) فتاة	....
(2) بنت	....	(9) كبيرة	....
(3) مسلمة	....	(10) طويلة	....
(4) طبيبة	....	(11) جديدة	....
(5) طبيب	....	(12) أخ	....
(6) زوج	....	(13) كبير	....
(7) زوجة	....	(14) جديد	....

	أَسْمَاءُ الْإِشَارَةِ لِلْقَرِيْبِ	
المذكّر	هَذَا طَالِبٌ	هَؤُلَاءِ طُلَّابٌ
المؤنّث	هَذِهِ طَالِبَةٌ	هَؤُلَاءِ طَالِبَاتٌ

(ج)

هَؤُلَاءِ إِخْوَتِيْ وَأُوْلَئِكَ أَصْدِقَائِيْ

مَنْ أُوْلَئِكَ الرِّجَالُ الطِّوَالُ؟

هُمْ أَطِبَّاءُ مِنْ أَمْرِيْكَا

مَنْ أُوْلَئِكَ النِّسَاءُ؟ هُنَّ أُمَّهَاتُ الطَّالِبَاتِ

آبَاءُ الطُّلَّابِ عِنْدَ الْمُدِيْرِ

أَأُوْلَئِكَ النِّسَاءُ خَالَاتُكِ يَا مَرْيَمُ؟

لَا ، هُنَّ عَمَّاتِيْ

هَؤُلَاءِ أَطِبَّاءُ وَأُوْلَئِكَ مُهَنْدِسُوْنَ

هَؤُلَاءُ الرِّجَالُ فُقَرَاءُ وَأُوْلَئِكَ أَغْنِيَاءُ

أُوْلَئِكَ الطُّلَّابُ ضِعَافٌ

مَنْ أُوْلَئِكَ الرِّجَالُ؟ هُمْ وُزَرَاءُ

تَمْرِيْنٌ (3)

Exercise – 3

(1) حَوِّلِ الْمُبْتَدَأَ فِيْ كُلٍّ مِنَ الْجُمَلِ الْآتِيَةِ إِلَى جَمْعٍ مَعَ تَغْيِيْرِ مَا يَلْزَمُ

المثال: ذَلِكَ الرَّجُلُ مُدَرِّسٌ — أُوْلَئِكَ الرِّجَالُ مُدَرِّسُوْنَ

(1) مَنْ ذَلِكَ الْفَتَى؟ .... مَن أُولَئِكَ الفتية

(2) مِنْ أَيْنَ ذَلِكَ الْمُدَرِّسُ؟ .... مِنْ أين أُولَئِكَ المدرسون

(3) تِلْكَ الْفَتَاةُ بِنْتُ الطَّبِيْبِ .... أُولَئِكَ الفتيات بنات الأطباء

(4) هَذَا الطَّالِبُ مِنْ إِنْكَلْتَرَا وَذَلِكَ مِنْ فِرَنْسَا ....

(5) أَذَلِكَ الْمُهَنْدِسُ مُسْلِمٌ؟ ....

(6) هَذِهِ الْمَرْأَةُ مُمَرِّضَةٌ وَتِلْكَ طَبِيْبَةٌ ....

(7) مَنْ هَذَا الْوَلَدُ الطَّوِيْلُ؟ ....

(8) تِلْكَ الْفَتَاةُ الصَّغِيْرَةُ أُخْتُ حَامِدٍ ....

(9) تِلْكَ الْمَرْأَةُ أُمُّ الطَّالِبَةِ ....

(10) ذَلِكَ الرَّجُلُ عَالِمٌ كَبِيْرٌ مِنَ الْمَمْلَكَةِ الْعَرَبِيَّةِ السَّعُوْدِيَّةِ ....

(2) أَشِرْ إِلَى الْأَسْمَاءِ الْآتِيَةِ بِاسْمِ إِشَارَةٍ لِلْبَعِيْدِ

(ذَلِكَ ، تِلْكَ ، أُوْلَئِكَ)

(1) .... طالب

(2) .... تجّار

(3) .... مدرّسات

(6) .... آباء الطّلّاب

(7) .... فلّاح

(8) .... أمّ محمّد

(4) .... طبيبة جديدة (9) .... صديقي

(5) .... أمّهات الطّالبات (10) .... أخواتي

(11) .... إخوتي

(3) هَاتِ جَمْعَ الْكَلِمَاتِ الْآتِيَةِ

(1) أُمّ .... (5) ضعيف ....

(2) أَب .... (6) وزير ....

(3) امرأة .... (7) اسم ....

(4) عمّة ....

(4) اِقْرَأْ وَاكْتُبْ

(1) أصدقاء .... (5) فقراء ....

(2) أغنياء .... (6) زملاء ....

(3) أقوياء .... (7) وزراء ....

(4) أطبّاء .... (8) علماء ....

أَسْمَاءُ الْإِشَارَةِ لِلْبَعِيْدِ

	أَسْمَاءُ الْإِشَارَةِ لِلْبَعِيْدِ	
المذكّر	ذَلِكَ طَالِبٌ	أُوْلَئِكَ طُلَّابٌ
المؤنّث	تِلْكَ طَالِبَةٌ	أُوْلَئِكَ طَالِبَاتٌ

محمّدٌ ذَهَبَ	محمّدٌ وحامدٌ وعليٌّ ذَهَبُوْا
مريمُ ذَهَبَتْ	مريمُ وآمِنَةُ وفاطمةُ ذَهَبْنَ

Main lesson one:

Many aspects of the Arabic language have been introduced so far. However, everything that was discussed was limited to the **singular** form. This lesson introduces the **plural** form of these different ideas.

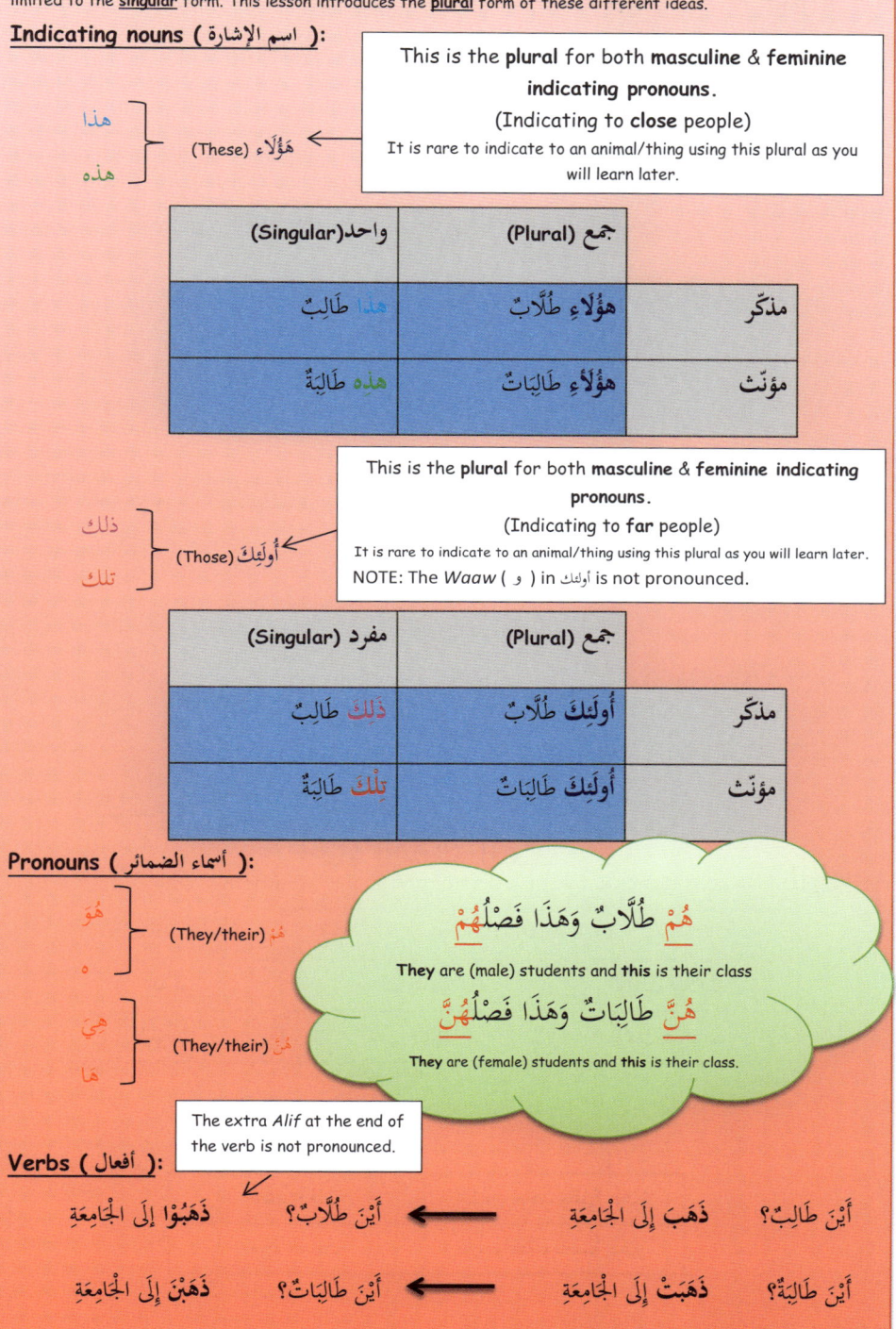

Indicating nouns (اسم الإشارة):

هذا
هذه
} (These) هَؤُلَاءِ

This is the **plural** for both **masculine** & **feminine indicating pronouns.**
(Indicating to **close** people)
It is rare to indicate to an animal/thing using this plural as you will learn later.

	(Plural) جمع	(Singular)واحد
مذكّر	هؤُلَاءِ طُلَّابٌ	هذا طَالِبٌ
مؤنّث	هؤُلَاءِ طَالِبَاتٌ	هذِه طَالِبَةٌ

ذلك
تلك
} (Those) أُولَئِكَ

This is the **plural** for both **masculine** & **feminine indicating pronouns.**
(Indicating to **far** people)
It is rare to indicate to an animal/thing using this plural as you will learn later.
NOTE: The *Waaw* (و) in أولئك is not pronounced.

	(Plural) جمع	(Singular) مفرد
مذكّر	أُولَئِكَ طُلَّابٌ	ذَلِكَ طَالِبٌ
مؤنّث	أُولَئِكَ طَالِبَاتٌ	تِلْكَ طَالِبَةٌ

Pronouns (أسماء الضمائر):

هُوَ
ه
} (They/their) هُمْ

هِيَ
هَا
} (They/their) هُنَّ

هُمْ طُلَّابٌ وَهَذَا فَصْلُهُمْ
They are (male) students and **this** is their class

هُنَّ طَالِبَاتٌ وَهَذَا فَصْلُهُنَّ
They are (female) students and **this** is their class.

Verbs (أفعال):

The extra *Alif* at the end of the verb is not pronounced.

أَيْنَ طَالِبٌ؟ ذَهَبَ إِلَى الْجَامِعَةِ ← أَيْنَ طُلَّابٌ؟ ذَهَبُوْا إِلَى الْجَامِعَةِ

أَيْنَ طَالِبَةٌ؟ ذَهَبَتْ إِلَى الْجَامِعَةِ ← أَيْنَ طَالِبَاتٌ؟ ذَهَبْنَ إِلَى الْجَامِعَةِ

Main lesson two:

Many nouns have been discussed until now, however all of them have been in the single form. In this lesson the scales of the plural forms of these nouns are discussed.

In nouns we have **two** types of plurals:

(1) الْجَمْعُ السَّالِمُ (sound plural)

(2) الْجَمْعُ الْمُكَسَّرُ (broken plural)

الْجَمْعُ السَّالِمُ (sound plural): This is such a plural where the <u>single form scale is not changed</u>.

الْجَمْعُ الْمُكَسَّرُ (broken plural): This is such a plural where the <u>single form scale has changed</u>.

الجمع السالم (sound plural) is either **<u>masculine</u>** or **<u>feminine</u>**.

The **<u>masculine sound plural</u>** (جمع المذكر السالم) is formed by adding (ـُـوْنَ) or (ـِـيْنَ) to the single form.

<u>Example</u>:

مُسْلِمٌ ← مُسْلِمُوْنَ (مُسْلِمِيْنَ)

<u>NOTE</u>: (ـُـوْنَ) is added onto the singular form in the مرفوع (nominative) case.

(ـِـيْنَ) is added onto the singular form in the منصوب / مجرور (genitive/accusative) case.

The **<u>feminine sound plural</u>** (جمع المؤنث السالم) is formed by adding (ـَـاتٌ) or (ـَـاتٍ) to the single form.

<u>Example</u>:

مُسْلِمَةٌ ← مُسْلِمَاتٌ (مُسْلِمَاتٍ)

<u>NOTE</u>: (ـَـاتٌ) is added onto the singular form in the مرفوع (nominative) case.

(ـَـاتٍ) is added onto the singular form in the منصوب / مجرور (accusative/genitive) case.

الْجَمْعُ الْمُكَسَّرُ (broken plural) has many scales, some of which are mentioned below.

1) **فُعُوْلٌ** شَيْخٌ ج شُيُوْخٌ

2) **فُعُلٌ** جَدِيْدٌ ج جُدُدٌ

3) **فِعَالٌ** صَغِيْرٌ ج صِغَارٌ

4) **فُعَّالٌ** طَالِبٌ ج طُلَّابٌ

5) **أَفْعَالٌ** وَلَدٌ ج أَوْلَادٌ

6) **فُعَلَاءُ** زَمِيْلٌ ج زُمَلَاءُ

7) **أَفْعِلَاءُ** صَدِيْقٌ ج أَصْدِقَاءُ

8) **فِعْلَةٌ** أَخٌ ج إِخْوَةٌ

Vocabulary

Village	قَرْيَة
Field	حَقْل
Man	رَجُل
Teacher	أُسْتَاذ
Women	اِمْرَأة
Scholar	عَالِم
Weak	ضَعِيْفُ
Yes	نَعَمْ
To take out	أَخْرَجَ

Human	إنْسَان
Short	قَصِيْرَة
Pilgrim	حَاجّ
Friend	صَدِيْق
Restaurant	مَطْعَم
Old Man	شَيْخ
Guest	ضَيْف
Turkey	تُرْكِيا
Playground	مَلْعَب

الدَّرْسُ الرَّابعَ عشَرَ

Lesson Fourteen

الْفِتْيَةُ: السَّلامُ عَلَيْكُمْ

حَامِد: وَعَلَيْكُمُ السَّلَامُ وَرَحْمَةُ اللهِ وَبَرَكَاتُهُ

أَحَدُ الْفِتْيَةِ: كَيْفَ حَالُكَ يَا عَمِّيْ؟

حَامِدٌ: أَنَا بِخَيْرٍ وَالْحَمْدُ لله ، كَيْفَ حَالُكُمْ؟ مَنْ أَنْتُمْ؟

أَحَدُهُمْ: نَحْنُ أَبْنَاءُ الدُّكْتُوْرِ مُوْسَى

حَامِدٌ: أَهْلًا وسَهْلًا وَمَرْحَبًا ، أَبُوْكُمْ صَدِيْقِيْ ... أَيْنَ عَمُّكُمْ الشَّيْخُ عِيْسَى؟

أَحَدُهُمْ: هُوَ مَرِيْضٌ ، هُوَ الآنَ فِيْ الْمُسْتَشْفَى

حَامِدٌ: شَفَاهُ اللهُ ... مَنْ هَذِهِ الطِّفْلَةُ الَّتِيْ مَعَكُمْ

أَحَدُهُمْ: هِيَ أُخْتُنَا

حَامِدٌ: مَا اسْمُهَا؟

أَحَدُهُمْ: اسْمُهَا لَيْلَى

حَامِدٌ: أَيْنَ بَيْتُكُمْ الْجَدِيْدُ؟

أَحَدُهُمْ: بَيْتُنَا الْجَدِيْدُ قَرِيْبٌ مِنَ الْمَطَارِ

حَامِدٌ: أَأَنْتُمْ فِيْ الْمَدْرَسَةِ الثَّانَوِيَّةِ؟

أَحَدُهُمْ: لَا ، نَحْنُ بِالْجَامِعَةِ ... أَنَا فِيْ كُلِّيَّةِ الْهَنْدَسَةِ وَمَحْمُوْدٌ فِيْ كُلِّيَّةِ الطِّبِّ وَإِبْرَاهِيْمُ فِيْ كُلِّيَّةِ الشَّرِيْعَةِ وَيُوْسُفُ فِيْ كُلِّيَّةِ التِّجَارَةِ

حَامِدٌ: مَنْ ذَلِكَ الْفَتَى الَّذِيْ فِيْ سَيَّارَتِكُمْ؟

أَحَدُهُمْ: هُوَ زَمِيْلِيْ

حَامِدٌ: مِنْ أَيْنَ هُوَ؟

أَحَدُهُمْ: هُوَ مِنْ إِنْكَلْتَرَا

حَامِدٌ: مَا اسْمُهُ؟

أَحَدُهُمْ: اسْمُهُ وِلْيَم

حَامِدٌ: أَمُسْلِمٌ هُوَ؟

أَحَدُهُمْ: لَا ، هُوَ نَصْرَانِيٌّ ... أَبُوْهُ أُسْتَاذِيْ ، اسْمُهُ الدُّكْتُوْرُ إِدْوَرْدُ (هَدَاهُمَا اللهُ إِلَى الإِسْلَامِ)

حَامِدٌ: أَذَهَبْتُمْ إِلَى الْمُسْتَشْفَى لِزِيَارَةِ عَمِّكُمُ الْيَوْمَ؟

أَحَدُهُمْ: نَعَمْ ، ذَهَبْنَا

تَمْرِيْنٌ (1)
Exercise – 1

(1) أَجِبْ عَنِ الْأَسْئِلَةِ الآتِيَةِ

(1) مَنْ أَنْتُمْ؟

(2) أَيْنَ بَيْتُكُمْ؟

(3) مَنْ رَبُّكُمْ؟

(4) مَا لُغَتُكُمْ؟

(5) أَيْنَ مَدْرَسَتُكُمْ؟

(6) أَأَنْتُم مُسْلِمُوْنَ؟

(7) أَفِيْ بَيْتِكُمْ حَدِيْقَةٌ؟

(8) أَعِنْدَكُمْ سَيَّارَةٌ؟

(9) أَيْنَ مُدَرِّسُكُمْ؟

(10) أَأَنْتُمْ مُدَرِّسُوْنَ؟

(2) اِقْرَأْ وَاكْتُبْ

(1) نحن مسلمون ، الله ربّنا والإسلام ديننا والنبيّ محمّد صلّى الله عليه وسلّم رسولنا والقرآن الكريم كتابنا والكعبة قبلتنا والعربيّة لغتنا

(2) أين مدرّسكم يا إخوان؟ خرج الآنَ من الفصل وذهب إلى المدير

(3) في أيّ شارع بيتكم؟ بيتنا في الشارع الَّذي أمام المحكمة

(4) أبونا صديق عمّكم

(5) أأنتم مدرّسون؟ لا ، نحن أطبّاء

(6) أأنتم أبناء المدير؟ لا ، نحن حفدته

(7) مدرستنا كبيرة ومدرستكم صغيرة

(8) لنا حديقة جميلة في تلك القرية

(9) أخونا طالب في كلّيّة الطبّ

(10) أأنتم أطبّاء؟ بعضنا أطبّاء وبعضنا مهندسون

(11) الله ربّنا وربّكم

(12) أين ذهبتم يا إخوان؟ ذهبنا إلى السّوق

(3) أَضِفِ الْأَسْمَاءَ الْآتِيَةَ إِلَى الضَّمَائِرِ كَمَا هُوَ مُوَضَّحٌ فِي الْمِثَالِ

بَيْتٌ	بَيْتُكُمْ	بَيْتُنَا
عَمٌّ:	....	....
مَدْرَسَةٌ:	....	....
لُغَةٌ:	....	....
أَبٌ:	....	....
أُمٌّ:	....	....
صَدِيْقٌ:	....	....
أُخْتٌ:	....	....
دِيْنٌ:	....	....
أَخٌ:	....	....

(4) اِقْرَأْ

(1) أيُّ يوم هذا؟	هذا يوم السّبت
(2) أيّ شهر هذا؟	هذا شهر رجب
(3) أيّ كلّيّة هذه؟	هذه كلّيّة التّجارة
(4) في أيّ مدرسة أنت؟	أنا في المدرسة المتوسّطة
(5) من أيّ بلد أنت يا أخت؟	أنا من اليونان

(5) اِقْرَأْ وَاكْتُبْ

وِلْيَمْ	إِدْوَرْدُ	لَنْدَنُ	بَارِيْسُ
بَاكِسْتَانُ	إِصْطَنْبُوْلُ	إِبْرَاهِيْمُ	إِسْمَاعِيْلُ
إِسْحَاقُ	يَعْقُوْبُ	أَيُّوْبُ	سُلَيْمَانُ
دَاوُدُ	يُوْنُسُ	إِدْرِيْسُ	جِبْرَئِيْلُ
	مِيْكَائِيْلُ	فِرْعَوْنُ	

(6) اِقْرَإِ الْمِثَالَ ثُمَّ حَوِّلِ الْجُمَلَ الآتِيَةَ مِثْلَهُ

أنت ذَهَبْتَ إِلَى الْمَدْرَسَةِ — أَنْتُمْ ذَهَبْتُمْ إِلَى الْمَدْرَسَةِ

أنت خرجت من الفصل — .... من الفصل

أنت جلست في الفصل — .... في الفصل

أين ذهبت يا أخي؟ — .... يا إخواني؟

لماذا خرجت من الفصل يا ولد؟ — .... يا أولاد؟

Main lesson one:

This lesson continues from the last lesson showing the plural forms of certain nouns and verbs.

	(Singular) المفرد	(Plural) الجمع	(Example) المثال
Pronouns أسماء الضمائر	أَنْتَ	أَنْتُمْ	مَنْ أَنْتُمْ؟ Who are **you**?
	كَ	كُمْ	مَا لُغَتُكُمْ؟ What is **your** language?
	أَنَا	نَحْنُ	نَحْنُ أَبْنَاءُ الدُّكْتُوْرِ **We** are the doctor's children.
	يِ	نَا	الإِسْلَامُ دِيْنُنَا Islam is **our** religion.
Verbs الأفعال	ذَهَبْتَ	ذَهَبْتُمْ	أَذَهَبْتُمْ إِلَى الْمُسْتَشْفَى؟ Did **you** go to the hospital?
	ذَهَبْتُ	ذَهَبْنَا	ذَهَبْنَا إِلَى السُّوْقِ **We** went to the mall.

<u>Note: These are the plurals indicated in this lesson. Some were mentioned previously and some will be mentioned later</u>.

Sub lesson one:

We have learnt that the following have no تنوين

1) Feminine proper nouns, e.g. مَرْيَمُ

2) Masculine proper nouns ending in (ة) , e.g. مُعَاوِيَةُ

NOW, we will learn one more type:

<u>Those **non-Arabic proper** nouns which are **more than three** letters</u>. E.g. يَعْقُوْبُ <u>NOT</u> لُوْطٌ.

Sub lesson three:

أَيّ

'Which'

- It can be in ANY case.
- It is مضاف, therefore the noun after it will be مضاف إليه and itself will have single (ـُ)

<u>Example</u>:

أَيُّ يومٍ هَذَا؟

Sub lesson two:

We have learnt in lesson 5 that مضاف is definite (معرفة) by position, therefore the adjective describing a مضاف will also be definite (معرفة).

<u>Example</u>:

بَيْتُنَا الْجَدِيْدُ

Our new house

Note: Notice the (ال) **on** الجديد.

Sub lesson four: (a sub lesson of lesson 13)

بَعْض

'Some'

- It can be in ANY case.
- It is مضاف, therefore the noun after it will be مضاف إليه and itself will have single (ـُ).

<u>Example</u>:

بعضُهُمْ مِنَ الصِّيْنِ وَبَعْضُهُمْ مِنَ الْيَابَانِ

Some are from China and some are from Japan.

Vocabulary

Child	طِفْل
Airport	مَطَار
Faculty	كُلِّيَّة
Faculty of Medicine	كُلِّيَّةُ الطِّبّ
Faculty of Engineering	كُلِّيَّةُ الْهَنْدَسَة
Faculty of Business	كُلِّيَّةُ التِّجَارَة
Faculty of Islamic Law	كُلِّيَّةُ الشَّرِيْعَة
Christian	نَصْرَانِيّ
Prophet	نَبِيّ
Religion	دِيْن
May Allah grant you cure	شَفَاهُ اللهُ

Constitution	دُسْتُوْر
Prayer direction	قِبْلَة
Law court	مَحْكَمَة
Paternal grandson	حَفِيْد
Lord	رَبّ
Saturday	يَوْمُ السَّبْت
Month	شَهْر
Rajab	رَجَب
Greece	يُوْنَان
Brother	أَخ
Welcome	أَهْلًا وَسَهْلًا وَمَرْحَبًا

الدَّرْسُ الْخَامِسَ عَشَرَ

Lesson Fifteen

الْفَتَيَاتُ: السَّلَامُ عَلَيْكُمْ وَرَحْمَةُ اللهِ وَبَرَكَاتُهُ

زَيْنَبُ: وَعَلَيْكُمُ السَّلَامُ وَرَحْمَةُ اللهِ وَبَرَكَاتُهُ ... مَنْ أَنْتُنَّ يَا أَخَوَاتُ؟

إِحْدَاهُنَّ: نَحْنُ بَنَاتُ الشَّيْخِ عَبَّاسٍ

زَيْنَبُ: أَهْلًا وَسَهْلًا وَمَرْحَبًا ، أُمُّكُنَّ أَسْتَاذَتِيْ ، كَيْفَ حَالُهَا؟

إِحْدَاهُنَّ: هِيَ بِخَيْرٍ وَالْحَمْدُ لِلهِ

زَيْنَبُ: أَيْنَ هِيَ الْآنَ؟

إِحْدَاهُنَّ: هِيَ الْآنَ فِيْ الرِّيَاضِ

زَيْنَبُ: مَتَى ذَهَبَتْ؟

إِحْدَاهُنَّ: ذَهَبَتْ قَبْلَ أُسْبُوْعٍ

زَيْنَبُ: مَنْ ذَهَبَ مَعَهَا؟

إِحْدَاهُنَّ: ذَهَبَ مَعَهَا أَخُوْنَا إِبْرَاهِيْمُ

زَيْنَبُ: كَيْفَ حَالُكُنَّ؟

إِحْدَاهُنَّ: نَحْنُ بِخَيْرٍ وَالْحَمْدُ لِلهِ

زَيْنَبُ: فِيْ أَيِّ مَدْرَسَةٍ أَنْتُنَّ؟

إِحْدَاهُنَّ: نَحْنُ فِيْ الْمَدْرَسَةِ الْمُتَوَسِّطَةِ

زَيْنَبُ: مَتَى اخْتِبَارُكُنَّ؟

إِحْدَاهُنَّ: اخْتِبَارُنَا بَعْدَ شَهْرٍ

زَيْنَبُ: أَذَهَبْتُنَّ إِلَى الْمَدْرَسَةِ الْيَوْمَ؟

إِحْدَاهُنَّ: نَعَمْ ، ذَهَبْنَا وَرَجَعْنَا

تَمْرِيْنٌ (1)
Exercise – 1

(1) أَجِبْ عَنِ الْأَسْئِلَةِ الآتِيَةِ

(1) مَنْ أَنْتُنَّ؟

(2) أَيْنَ بَيْتُكُنَّ؟

(3) أَيْنَ مَدْرَسَتُكُنَّ؟

(4) أَيْنَ أُمُّكُنَّ؟

(5) أَيْنَ أَخُوْكُنَّ؟

(6) أَذَهَبْتُنَّ إِلَى الْمَدْرَسَةِ الْيَوْمَ؟

(2) أَنِّثِ الْمُبْتَدَأَ فِيْ كُلٍّ مِنَ الْجُمَلِ الْآتِيَةِ

المثال: أَأَنْتُمْ طُلَّابٌ؟ أَأَنْتُنَّ طَالِبَاتٌ؟

(1) أَأَنْتُمْ مُدَرِّسُوْنَ؟ .... ؟

(2) أَأَنْتُمْ أَطِبَّاءُ؟ .... ؟

(3) أَأَنْتُمْ إِخْوَةُ حَامِدٍ؟ .... ؟

(4) أَأَنْتُمْ مُسْلِمُوْنَ؟ .... ؟

(5) أَأَنْتُمْ أَعْمَامُ مَحْمُوْدٍ؟ .... ؟

(6) أَأَنْتُمْ أَبْنَاءُ الْمُدِيْرِ؟ .... ؟

(7) أَأَنْتُمْ آبَاءُ الطُّلَّابِ؟ .... ؟

(3) حَوِّلِ الضَّمِيْرَ فِيْ كُلٍّ مِنَ الْجُمَلِ الْآتِيَةِ كَمَا هُوَ مُوَضَّحٌ فِي الْمِثَالِ

المثال: أَيْنَ بَيْتُكُمْ يَا إِخْوَانُ؟ أَيْنَ بَيْتُكُنَّ يَا أَخَوَاتُ؟

(1) أَيْنَ أَخُوْكُمْ يَا أَخَوَانُ؟ .... ؟

(2) أَيْنَ مَدْرَسَتُكُمْ يَا إِخْوَانُ؟ .... ؟

(3) مَتَى اخْتِبَارُكُمْ يَا إِخْوَانُ؟ .... ؟

(4) أَهَذَا عَمُّكُمْ يَا إِخْوَانُ؟ .... ؟

(5) أَبَيْتُكُمْ قَرِيْبٌ يَا إِخْوَانُ؟ .... ؟

(6) فِيْ أَيِّ شَهْرٍ اخْتِبَارُكُمْ يَا إِخْوَانُ؟ .... ؟

(4) ضَعْ فِي الْأَمَاكِنِ الْخَالِيَةِ فِيْمَا يَلِيْ ضَمِيْرًا مُنَاسِبًا لِلْمُخَاطَبِ

(أَنْتَ ، أَنْتُمْ ، أَنْتِ ، أَنْتُنَّ)

(1) أ ....أَنْتَ.... مسلم؟

(2) أ ....أَنْتِ.... مريضة؟

(3) أ ....أَنْتُنَّ.... طبيبات؟

(4) أ ....أَنْتُمْ.... تُجَّار؟

(5) أ ....أَنْتِ.... بِنْت المدرّس؟

(6) أ ....أَنْتُنَّ.... أَخوات عبّاس؟

(7) أ ....أَنْتُم.... طُلَّاب؟

(5) ضَعْ فِي الْأَمَاكِنِ الْخَالِيَةِ فِي الْجُمَلِ الْآتِيَةِ ضَمِيْرًا مُتَّصِلًا لِلْمُخَاطَبِ

(كَ ، كُمْ ، كِ ، كُنَّ)

(1) أَيْنَ بَيْتُ ....كُمْ.... يَا إِخْوَانُ؟

(2) أَهَذَا كِتَابُ ....كَ.... يَا حَامِدُ؟

(3) سَاعَتُ ....كِ.... جَمِيْلَةٌ يَا لَيْلَى؟

(4) مَنْ أَبُو ....كُنَّ.... يَا أَخَوَاتُ؟

(5) مَا اسْمُ ....كَ.... يَا أَخِيْ؟

(6) مَا اسْمُ ....كِ.... يَا أُخْتِيْ؟

(7) أَأُمُّ ....كُم.... فِي الْبَيْتِ يَا وَلَدُ؟

(8) مَا أَسْمَاءُ ....كَ.... يَا إِخْوَانُ؟

(6) ضَعْ فِيْ الْأَمَاكِنِ الْخَالِيَةِ فِيْمَا يَلِيْ ضَمِيْرًا مُنَاسِبًا لِلْمُتَكَلِّمِ

(أَنَا ، نَحْنُ)

(1) ...... أَنَا ...... مسلم

(2) ...... نَحْنُ ...... مسلمون

(3) ...... أَنَا ...... مسلمة

(4) ...... نَحْنُ ...... مسلمات

(5) ...... نَحْنُ ...... بنات المدير

(6) ...... أَنَا ...... ابن المدرّس

(7) ...... نَحْنُ ...... طلّاب

(8) ...... أَنَا ...... مريضة

(7) اِقْرَأْ وَاكْتُبْ

(1) ذهب أبي إلى القاهرة قبل أسبوع

(2) متى خرجت من الفصل يا محمّد؟ خرجت بعد الدّرس

(3) ذهبت إلى المسجد قبل الأذان

(4) متى ذهب عمّك إلى الرّياض يا آمنة؟ ذهب قبل شهر

(5) أقبل الصّلاة ذهبْتَ إلى المطعم؟ لا ، ذهبت بعد الصّلاة

جمع	واحد
أَيْنَ ذَهَبْتُمْ يَا إِخْوَانِيْ؟	أَيْنَ ذَهَبْتَ يَا أَخِيْ؟
أَيْنَ ذَهَبْتُنَّ يَا أَخَوَاتِيْ؟	أَيْنَ ذَهَبْتِ يَا أُخْتِيْ؟
نَحْنُ ذَهَبْنَا	أَنَا ذَهَبْتُ

الضَّمَائِرُ الْمُنْفَصِلَةُ	
لِلْجَمْعِ	لِلْمُفْرَدِ
هُمْ طُلَّابٌ	هُوَ طَالِبٌ
هُنَّ طَالِبَاتٌ	هِيَ طَالِبَةٌ
أَنْتُمْ طُلَّابٌ	أَنْتَ طَالِبٌ
أَنْتُنَّ طَالِبَاتٌ	أَنْتِ طَالِبَةٌ
نَحْنُ طُلَّابٌ	أَنَا طَالِبٌ
نَحْنُ طَالِبَاتٌ	أَنَا طَالِبَةٌ

Main lesson one:

This lesson continues from the last lesson in showing the plural of certain nouns and verbs. In the previous lesson the plural for **masculine** nouns and verbs were given. Here **feminine** plurals are given.

	(Singular) المفرد	(Plural) الجمع	(Example) المثال
أسماء الضمائر Pronouns	أَنْتِ	أَنْتُنَّ	مَنْ أَنْتُنَّ؟ Who are **you** (feminine)?
	كِ	كُنَّ	متى اخْتِبَارُكُنَّ When is **your** (feminine) exam?
الأفعال Verbs	ذَهَبْتِ	ذَهَبْتُنَّ	أَذَهَبْتُنَّ إِلَى الْمَدْرَسَةِ؟ Did **you** (female) go to the school?

Sub lesson one:

بَعْدَ 'After' قَبْلَ 'Before'

- These two nouns have a *Fathah* upon them except:
  1. When they are proceeded by مِنْ (from). In this case it will have a *Kasrah*.
  2. When the مضاف إليه is **hidden in words** (not meaning) it will have a *Dhammah* upon it.
- Both are مضاف , therefore the noun after it is مضاف إليه ; hence ـِ

قَبْلَ أُسْبُوْعٍ ، بَعْدَ الدَّرْسِ

Main lesson:

Throughout the book many pronouns have been introduced in different lessons. By now the singular & plural forms have been mentioned. They are mentioned in the recap boxes.

RECAP:

	ضمائر المرفوع المتصلة	
	واحد	جمع
مذكّر	ذَهَبَ	ذَهَبُوْا
مؤنّث	ذَهَبَتْ	ذَهَبْنَ
مذكّر	ذَهَبْتَ	ذَهَبْتُمْ
مؤنّث	ذَهَبْتِ	ذَهَبْتُنَّ
مذكّر	ذَهَبْتُ	ذَهَبْنَا
مؤنّث	ذَهَبْتُ	ذَهَبْنَا

RECAP:

	ضمائر المرفوع المنفصلة	
	واحد	جمع
مذكّر	هُوَ طَالِبٌ	هُمْ طُلَّابٌ
مؤنّث	هِيَ طَالِبَةٌ	هُنَّ طَالِبَاتٌ
مذكّر	أَنْتَ طَالِبٌ	أَنْتُمْ طُلَّابٌ
مؤنّث	أَنْتِ طَالِبَةٌ	أَنْتُنَّ طَالِبَاتٌ
مذكّر	أَنَا طَالِبٌ	نَحْنُ طُلَّابٌ
مؤنّث	أَنَا طَالِبَةٌ	نَحْنُ طَالِبَاتٌ

RECAP:

	ضمائر المجرور	
	واحد	جمع
مذكّر	كِتَابُهُ	كِتَابُهُمْ
مؤنّث	كِتَابُهَا	كِتَابُهُنَّ
مذكّر	كِتَابُكَ	كِتَابُكُمْ
مؤنّث	كِتَابُكِ	كِتَابُكُنَّ
مذكّر	كِتَابِيْ	كِتَابُنَا
مؤنّث	كِتَابِيْ	كِتَابُنَا

Vocabulary

Prayer	صَلَاة
He returned	رَجَعَ
Examination	اِخْتِبَار
Right now	الْآنَ
Lesson	دَرْس
Cairo	الْقَاهِرَة

Before	قَبْلَ
After	بَعْدَ
How	كَيْفَ
When	مَتَى
Week	أُسْبُوْع
Month	شَهْر
Call to prayer	أَذَان

الدَّرْسُ السَّادِسَ عَشَرَ

Lesson Sixteen

الْمُدَرِّسُ: لِمَنْ هَذِهِ الْأَقْلَامُ يَا مُحَمَّدُ؟

مُحَمَّدٌ: هِيَ لِيْ يَا أُسْتَاذُ

الْمُدَرِّسُ: هِيَ جَمِيْلَةٌ جِدًّا ... وَهَذِهِ الْكُتُبُ الْجَدِيْدَةُ، أَهِيَ لَكَ؟

مُحَمَّدٌ: لَا ، هِيَ لِحَامِدٍ

الْمُدَرِّسُ: أَيْنَ دَفَاتِرُكُمْ يَا إِخْوَانُ؟

عَلِيٌّ: هِيَ هُنَا عَلَى هَذَا الْمَكْتَبِ

تَمْرِيْنٌ (1)
Exercise – 1

(1) تَأَمَّلِ الْأَمْثِلَةَ الْآتِيَةِ

(أ) الْمُفْرَدُ	هَذَا طَالِبٌ جَدِيْدٌ	هُوَ مِنْ فِرَنْسَا
الْجَمْعُ	هَؤُلَاءِ طُلَّابٌ جُدُدٌ	هُمْ مِنْ فِرَنْسَا
(ب) الْمُفْرَدُ	هَذَا كِتَابٌ جَدِيْدٌ	هُوَ مِنْ فِرَنْسَا
الْجَمْعُ	هَذِهِ كُتُبٌ جَدِيْدَةٌ	هِيَ مِنْ فِرَنْسَا

(2) حَوِّلِ الْمُبْتَدَأَ فِيْ كُلٍّ مِنَ الْجُمَلِ الآتِيَةِ إِلَى جَمْعٍ

مثال: هَذَا بَيْتٌ — هَذِهِ بُيُوْتٌ

(1) هَذَا نَجْمٌ .... (نُجُوْمٌ)

(2) هَذَا دَرْسٌ .... (دُرُوْسٌ)

(3) هَذَا قَلَمٌ .... (أَقْلَامٌ)

(4) هَذَا بَابٌ .... (أَبْوَابٌ)

(5) هَذَا نَهْرٌ .... (أَنْهَارٌ)

(6) هَذَا جَبَلٌ .... (جِبَالٌ)

(7) هَذَا كَلْبٌ .... (كِلَابٌ)

(8) هَذَا بَحْرٌ .... (بِحَارٌ)

(9) هَذَا كِتَابٌ .... (كُتُبٌ)

(10) هَذَا حِمَارٌ .... (حُمُرٌ)

(11) هَذَا سَرِيْرٌ .... (سُرُرٌ)

(12) هَذَا دَفْتَرٌ .... (دَفَاتِرُ)

(13) هَذَا مَكْتَبٌ .... (مَكَاتِبُ)

(14) هَذَا فُنْدُقٌ .... (فَنَادِقُ)

(15) هَذِهِ سَاعَةٌ .... (سَاعَاتٌ)

(16) هَذِهِ سَيَّارَةٌ .... (سَيَّارَاتٌ)

(17) هَذِهِ طَائِرَةٌ .... (طَائِرَاتٌ)

(18) ذَلِكَ نَجْمٌ .... تِلْكَ .... (نُجُوْمٌ ....)

(19) تِلْكَ سَيَّارَةٌ .... (...........)

(3) أَشِرْ إِلَى الْأَسْمَاءِ الْآتِيَةِ بِاسْمِ إِشَارَةٍ مُنَاسِبٍ لِلْقَرِيْبِ

(هَذَا ، هَذِهِ ، هَؤُلَاءِ)

(1) ...... هَذَا ...... رَجُل

(2) ...... هَؤُلَاءِ ...... رِجَال

(3) ...... هَذَا ...... كَلْب

(4) ...... هَؤُلَاءِ ...... كِلَاب

(5) ...... هَذِهِ ...... دُرُوْس

(6) ...... هَؤُلَاءِ ...... مُدَرِّسُوْنَ

(7) ...... هَؤُلَاءِ ...... أَخَوَاتِيْ

(8) ...... هَذِهِ ...... أَقْلَام

(9) ...... هَذَا ...... كِتَاب

(10) ...... هَذِهِ ...... سَيَّارَات

(11) ...... هَذِهِ ...... سَيَّارَة

(12) ...... هَذَا ...... حِمَار

(13) ...... هَذِهِ ...... كُتُب

(14) ...... هَذَا ...... حُمُر

(15) ...... هَذِهِ ...... عَيْنٌ

(16) ...... هَذِهِ ...... طَبِيْبَة

(17) ...... هَؤُلَاءِ ...... طَبِيْبَاتٌ

(4) أَشِرْ إِلَى الْأَسْمَاءِ الْآتِيَةِ بِاسْمِ إِشَارَةٍ مُنَاسِبٍ لِلْبَعِيْدِ

(ذَلِكَ ، تِلْكَ ، أُوْلَئِكَ)

(1) ذلك .... طَالِب

(2) أُوْلَئِكَ .... طُلَّاب

(3) ذلك .... نجم

(4) أُوْلَئِكَ .... نُجُوْم

(5) تلك .... بِنت

(6) أُوْلَئِكَ .... بَنَات

(7) تِلْكَ .... درَّاجَة

(8) تِلْكَ .... درَّاجات

(9) ذلك .... سَرِير

(10) تلك .... سُرُر

(11) تلك .... دَجَاجة

(12) تِلْك .... مُدَرِّسَة

(13) أُوْلَئِكَ .... مُدَرِّسات

(14) ذلك .... حاجّ

(15) تلك .... حُجَّاج

(16) ذلك .... مسجد

(17) تلك .... سَيَّارَات

أَسْمَاءُ الْإِشَارَةِ لِلْقَرِيْبِ	
لِلْعَاقِلِ	
هَذَا طَالِبٌ	هَؤُلَاءِ طُلَّابٌ
هَذِهِ طَالِبَةٌ	هَؤُلَاءِ طَالِبَاتٌ

أَسْمَاءُ الْإِشَارَةِ لِلْبَعِيْدِ	
لِلْعَاقِلِ	
ذَلِكَ طَالِبٌ	أُوْلَئِكَ طُلَّابٌ
تِلْكَ طَالِبَةٌ	أُوْلَئِكَ طَالِبَاتٌ

أَسْمَاءُ الْإِشَارَةِ لِلْقَرِيْبِ	
لِغَيْرِ الْعَاقِلِ	
هَذَا بَيْتٌ	هَذِهِ بُيُوْتٌ
هَذِهِ سَيَّارَةٌ	هَذِهِ سَيَّارَاتٌ

أَسْمَاءُ الْإِشَارَةِ لِلْبَعِيْدِ	
لِغَيْرِ الْعَاقِلِ	
ذَلِكَ بَيْتٌ	تِلْكَ بُيُوْتٌ
تِلْكَ سَيَّارَةٌ	تِلْكَ سَيَّارَاتٌ

Main lesson one:

أسماء الإشارة للعاقل				
أسماء الإشارة للبعيد		أسماء الإشارة للقريب		
جمع	واحد	جمع	واحد	
أولئك تجّارٌ	ذلك تاجرٌ	هؤلاء تجّارٌ	هذا تاجرٌ	مذكّر
أولئك تاجراتٌ	تلك تاجرةٌ	هؤلاء تاجراتٌ	هذه تاجرةٌ	مؤنّث

NOTES:

(1) Notice the plural of the اسم الإشارة for both genders is the same.

(2) Notice that when the (ة) is added then the letter before it is given a *Fathah*.

أسماء الإشارة لغير العاقل				
أسماء الإشارة للبعيد		أسماء الإشارة للقريب		
جمع	واحد	جمع	واحد	
تلك نجومٌ	ذلك نجمٌ	هذه نجومٌ	هذا نجمٌ	مذكّر
تلك درّاجاتٌ	تلك درّاجةٌ	هذه درّاجاتٌ	هذه درّاجةٌ	مؤنّث

NOTES:

(1) Notice the plural اسم الإشارة for both genders is the same in SINGULAR FEMININE FORM.

(2) غير عاقل (Irrational) plural nouns are treated as singular feminine nouns in Arabic when being indicated upon.

(3) The اسم الإشارة of تثنية is treated as normal, هذان/هذين will be used for masculine (rational/irrational) and هاتان/ هاتين will be used for feminine (rational/irrational)

(4) عاقل include humans, angels, devils, etc. غير عاقل include things, animals, concepts, etc.

(5) There are some exceptions to this rule that you will learn later

(6) Examples for this rule can also be seen in verbs as well.

الْحِمَارُ أَكَلَتْ	الطُّلَّابُ أَكَلُوْا
The donkey **ate**.	The students **ate**.

Sub lesson one:

In lesson 13 **eight** broken plurals were introduced. Here one more broken plural is introduced.

مَفَاعِلُ

Example:

مَسْجِدٌ ج مَسَاجِدُ

Vocabulary

River	نَهْر
Sea	بَحْر

Hotel	فُنْدُق
Aeroplane	طَائِرَة

الدَّرْسُ السَّابِعَ عَشَرَ

Lesson Seventeen

أَبْوَابُ الْمَسْجِدِ مَفْتُوْحَةٌ

لِمَنْ هَذِهِ الْبُيُوْتُ الْجَدِيْدَةُ؟ هِيَ لِمُدِيْرِ الشَّرِكَةِ

النُّجُوْمُ جَمِيْلَةٌ

هَذِهِ الدُّرُوْسُ سَهْلَةٌ

فِيْ الْهِنْدِ لُغَاتٌ كَثِيْرَةٌ

أَيْنَ الْكُتُبُ الْجَدِيْدَةُ؟

هِيَ فِيْ الْمَكْتَبَةِ

تِلْكَ السُّرُرُ مَكْسُوْرَةٌ

السَّاعَةُ الْيَابَانِيَّةُ رَخِيْصَةٌ

هَذِهِ الْحُمُرُ (الْحَمِيْرُ) لِلْفَلَّاحِ

أَيْنَ كُتُبُكُنَّ يَا أَخَوَاتُ؟ هِيَ فِيْ الْفَصْلِ

هَذِهِ كُتُبِيْ وَتِلْكَ كُتُبُ أُخْتِيْ

هَذِهِ مَكَاتِبُ الطُّلَّابِ

فِيْ هَذَا الشَّارِعِ فَنَادِقُ كَبِيْرَةٌ

تَمْرِيْنٌ (1)

Exercise – 1

(1) أَجِبْ عَنِ الْأَسْئِلَةِ الآتِيَةِ

(1) أَيْنَ الْكُتُبُ الْجَدِيْدَةُ؟

(2) لِمَنْ هَذِهِ الْبُيُوْتُ الْكَبِيْرَةُ؟

(3) أَأَبْوَابُ السَّيَّارَةِ مَفْتُوْحَةٌ؟

(4) أَيْنَ أَقْلَامُ الْمُدَرِّسِ؟

(5) أَيْنَ الْكِلَابُ؟

(6) أَيْنَ الْحَمِيْرُ؟

(7) أَيْنَ كُتُبُكِ يَا مَرْيَمُ؟

(8) أَيْنَ دَفَاتِرُ الطُّلَّابِ؟

(9) أَيْنَ الْفَنَادِقُ الصَّغِيْرَةُ؟

(10) لِمَنْ هَذِهِ الْأَقْلَامُ الْجَدِيْدَةُ؟

(2) حَوِّلِ الْمُبْتَدَأَ فِيْ كُلٍّ مِنَ الْجُمَلِ الآتِيَةِ إِلَى جَمْعٍ

مثال: الْبَابُ مَفْتُوْحٌ　　　الْأَبْوَابُ مَفْتُوْحَةٌ

(1) هَذَا قَلَمٌ جَدِيْدٌ ....

(2) النَّجْمُ جَمِيْلٌ ....

(3) ذَلِكَ كِتَابٌ قَدِيْمٌ ....

(4) ذَلِكَ الْبَيْتُ جَمِيْلٌ ....

(5) هَذَا الدَّرْسُ سَهْلٌ ....

(6) ذَلِكَ الْجَبَلُ بَعِيْدٌ ....

(7) هَذَا الْمَكْتَبُ مَكْسُوْرٌ ....

(8) هَذَا مَسْجِدٌ جَمِيْلٌ ....

(9) هَذِهِ سَاعَةٌ رَخِيْصَةٌ ....

(10) تِلْكَ الطَّائِرَةُ كَبِيْرَةٌ ....

(11) هَذَا طَالِبٌ جَدِيْدٌ ....

(12) ذَلِكَ الرَّجُلُ عَالِمٌ كَبِيْرٌ ....

(13) هَذَا النَّهْرُ كَبِيْرٌ ....

(3) ضَعْ فِيْ الْأَمَاكِنِ الْخَالِيَةِ فِيْمَا يَلِيْ أَخْبَارًا مُنَاسِبَةً

(1) الْبَيْتُ ....

(2) النُّجُوْمُ ....

(3) الْبَابُ ....

(4) الْقَلَمُ ....

(5) الْبُيُوْتُ ....

(6) الْأَبْوَابُ ....

(7) السَّيَّارَاتُ ....

(8) الْمِنْدِيْلُ ....

(9) الْفَنَادِقُ ....

(10) الطُّلَّابُ ....

(11) الْقُمْصَانُ ....

(4) هَاتِ جَمْعَ الْكَلِمَاتِ الْآتِيَةِ

(1) باب	....	(10) طَائِرَةٌ	....
(2) بيت	....	(11) دَرْسٌ	....
(3) نَجْمٌ	....	(12) بَحْرٌ	....
(4) قَلَمٌ	....	(13) كِتَابٌ	....
(5) حِمَارٌ	....	(14) قَمِيْصٌ	....
(6) سَرِيْرٌ	....	(15) دَرَّاجَةٌ	....
(7) نَهْرٌ	....	(16) حَقْلٌ	....
(8) سَيَّارَةٌ	....	(17) جَبَلٌ	....
(9) كَلْبٌ	....		

Main lesson:

This chapter is an addition to the previous chapter (Chapter 16). It is consolidating the same ideas.

RECAP:

أسماء الإشارة للعاقل				
أسماء الإشارة للبعيد		أسماء الإشارة للقريب		
جمع	واحد	جمع	واحد	
أولئك تجّار	ذلك تاجرٌ	هؤلاء تجّار	هذا تاجرٌ	مذكّر
أولئك تاجراتٌ	تلك تاجرَةٌ	هؤلاء تاجراتٌ	هذه تاجرَةٌ	مؤنّث

NOTES:

1. **Notice the plural اسم الإشارة for both genders is the same .**
2. **Notice that when the (ة) is added then the letter before it is given a *Fathah.***

أسماء الإشارة لغير العاقل				
أسماء الإشارة للبعيد		أسماء الإشارة للقريب		
جمع	واحد	جمع	واحد	
تلك نجومٌ	ذلك نجمٌ	هذه نجومٌ	هذا نجمٌ	مذكّر
تلك درّاجَاتٌ	تلك درّاجَةٌ	هذه درّاجَاتٌ	هذه درّاجَةٌ	مؤنّث

NOTES:

1. **Notice the plural اسم الإشارة for both genders is the same in SINGULAR FEMININE FORM.**
2. **غير عاقل (Irrational) plural nouns are treated as singular feminine in Arabic when being indicated upon.**
3. **The اسم الإشارة of تثنية is treated as normal, هذان/هذين will be used for masculine (rational/irrational) and هاتان /هاتين will be used for feminine (rational OR irrational).**

Vocabulary

Cheap	رَخِيْص
Japanese	يَابَانِيَّة

Company	شَرِكَة
Director of the company	مُدِيْرُ الشَّرِكَة
Shirt	قَمِيْص

الدَّرْسُ الثَّامِنَ عَشَرَ

Lesson Eighteen

الْمُدَرِّسُ: كَمْ أَخًا لَكَ يَا مُحَمَّدُ؟

مُحَمَّدٌ: لِيْ أَخٌ وَاحِدٌ

الْمُدَرِّسُ: وَكَمْ أُخْتًا لَكَ؟

مُحَمَّدٌ: لِيْ أُخْتَانِ

الْمُدَرِّسُ: كَمْ عَجَلَةً لِلدَّرَّاجَةِ يَا مُحَمَّدُ؟

حَامِدٌ: لَهَا عَجَلَتَانِ

الْمُدَرِّسُ: كَمْ عِيْدًا فِيْ السَّنَةِ يَا زَكَرِيَّا؟

زَكَرِيَّا: فِيْ السَّنَةِ عِيْدَانِ: هُمَا عِيْدُ الْفِطْرِ وَعِيْدُ الْأَضْحَى

الْمُدَرِّسُ: يَا إِبْرَاهِيْمُ ، أَبُوْكَ تَاجِرٌ كَبِيْرٌ ، كَمْ مَتْجَرًا عِنْدَهُ؟

إِبْرَاهِيْمُ: عِنْدَهُ مَتْجَرَانِ كَبِيْرَانِ

الْمُدَرِّسُ: كَمْ نَافِذَةً فِي غُرْفَتِكَ يَا إِسْمَاعِيْلُ؟

إِسْمَاعِيْلُ: فِيْهَا نَافِذَتَانِ

الْمُدَرِّسُ: لِمَنْ هَذَانِ الدَّفْتَرَانِ؟

عَلِيٌّ: هُمَا لِيْ

الْمُدَرِّسُ: لِمَنْ هَاتَانِ الْمِسْطَرَتَانِ؟

يُوْنُسُ: هُمَا لِيْ

تَمْرِيْنٌ (1)
Exercise – 1

(1) أَجِبْ عَنِ الْأَسْئِلَةِ الْآتِيَةِ مُسْتَعْمِلًا الْمُثَنَّى

(1) كَمْ قَلَمًا عِنْدَكَ؟

(2) كَمْ كِتَابًا عِنْدَكَ؟

(3) كَمْ سَبُّوْرَةً فِيْ فَصْلِكُمْ؟

(4) كَمْ رِيَالًا عِنْدَكِ الْآنَ يَا لَيْلَى؟

(5) كَمْ أُخْتًا لَكَ يَا عَلِيُّ؟

(6) كَمْ عَمًّا لَكِ يَا آمِنَةُ؟

(7) كَمْ صَدِيْقًا لَكَ يَا مُحَمَّدُ؟

(8) كَمْ طَالِبًا جَدِيْدًا فِيْ فَصْلِكُمْ؟

(9) كَمْ مَسْجِدًا فِيْ قَرْيَتِكَ يَا زَكَرِيَّا؟

(10) كَمْ فُنْدُقًا فِيْ هَذَا الشَّارِعِ؟

(11) كَمْ أَخًا لَكَ يَا سُعَادُ؟ (الأَخُ: مُثَنَّاهُ: أَخَوَانِ)

(2) اِقْرَأْ وَاكْتُبْ

(1) خالد له ابنان وبنتان

(2) في هذا البيت غرفتان كبيرتان

(3) فاطمة لها طفلان صغيران

(4) لي عينان وأذنان ويدان ورجلان

(5) في هذا الحيّ مدرستان

(6) صلاة الفجر ركعتان

(7) للبيت مفتاحان

(8) لمن هاتان البقرتان؟ هما للفلّاح

(9) أهذان الطّبيبان من إنكلترا؟ لا ، هما من فرنسا

(10) في قريتي مسجدان صغيران

(3) اِقْرَإِ الْأَمْثِلَةَ الْآتِيَةَ ثُمَّ ضَعْ فِي الْفَرَاغِ فِيمَا يَلِي تَمْيِيزًا لِ(كَمْ) وَاضْبِطْ آخِرَهُ

كَمْ أُخْتًا لَكَ؟   كَمْ قَلَمًا عِنْدَكَ؟   كَمْ سَيَّارَةً فِي الْجَامِعَةِ؟

(1) كَمْ ....قَلَمًا............ عِنْدَكَ؟

(2) كَمْ ....أَخًا............ لَكَ؟

(3) كَمْ ....فُنْدُقًا............ فِي هَذَا الشَّارِعِ؟

(4) كَمْ ....مَدْرَسَةً............ فِي قَرْيَتِكَ؟

(5) كَمْ ....سَبُّورَةً............ فِي فَصْلِكُمْ؟

(6) كَمْ ....عِيدًا............ فِي السَّنَةِ؟

(7) كَمْ ....عَجَلَةً............ لِلدَّرَّاجَةِ؟

(8) كَمْ ....نَافِذَةً............ فِي غُرْفَتِكَ؟

(4) حَوِّلِ الْمُبْتَدَأَ فِي كُلٍّ مِنَ الْجُمَلِ الْآتِيَةِ إِلَى مُثَنَّى

الْمِثَالُ: هَذَا كِتَابٌ   هَذَانِ كِتَابَانِ

(1) هَذَا قَلَمٌ

(2) هَذِهِ مِسْطَرَةٌ

(3) هَذَا طَالِبٌ

(4) هَذِهِ طَالِبَةٌ

(5) هَذَا الرَّجُلُ مُدَرِّسٌ

(6) هَذَا الطَّالِبُ مِنَ الْهِنْدِ

(7) هَذِهِ السَّاعَةُ مِنَ الْيَابَانِ

(8) هَذِهِ السَّيَّارَةُ لِلْمُدِيْرِ ....

(9) لِمَنْ هَذَا الْمِفْتَاحُ؟ ....

(10) لِمَنْ هَذِهِ الْمِلْعَقَةُ؟ ....

(5) اِقْرَإِ الْكَلِمَاتِ الْآتِيَةَ وَاكْتُبْهَا مَعَ ضَبْطِ أَوَاخِرِهَا

كلبان	منديلان
مكتبان	مسطرتان
قميصان	أختان
أخوان	امرأتان

(6) ثَنِّ الْكَلِمَاتِ الْآتِيَةِ

سَيَّارَةٌ	....	صَدِيْقٌ	....	بَابٌ	....
طَبِيْبَةٌ	....	تَاجِرٌ	....	اسْمٌ	....
وَلَدٌ	....	مِلْعَقَةٌ	....	هَذَا	....
لُغَةٌ	....	مُدَرِّسٌ	....	هَذِهِ	....

Main lesson:

تثنية

Dual form

In the Arabic language we have three forms (for numbers): the singular form (واحد), the dual form (تثنية) & then the plural form (جمع). تثنية (dual form) is used for **two** and جمع (plural form) is used for **more than two**.

The تثنية form is generally achieved by adding ـَ to the last letter of the wordand then adding (ـَ انِ) or (ـَينِ) to the singular form

Example:

بيْتٌ ← بيْتَانِ (بيْتَيْنِ)

NOTE: (انِ) is added onto the singular form when the word is in مرفوع (nominative) case.

(ينِ) is added onto the singular form when the word is in منصوب / مجرور (accusative/genitive) case.

Sub lesson one:

- The dual form of هذا is هَذَانِ (هَذَيْنِ).

  Example:

  هذان كتابان كبيران

  These are **two** big books.

- The dual form of هذه is هَاتَانِ (هَاتَيْنِ)

  Example:

  هاتان سيّارتان صغيرتان

  These are **two** small cars.

  Note: Notice the مشار إليه and the adjective is dual.

Sub lesson two:

هُمَا

- The dual form of هو and هي is هما

  Example:

  هما دفتران كبيران

  Note: Notice the adjective in dual form.

Sub lesson three:

كَمْ

'How many?'

- كم has many meanings.

  Here the كم is استفهاميّة (interrogative).

- The noun following كم will be singular and in منصوب (accusative) case.

E.g. كَمْ قَلَمًا لَكَ؟

Sub lesson four:

A noun which is in منصوب case and has a تنوين will have an *Alif* added to the last letter which is NOT pronounced. ONLY if the noun ends in (ة) then an *Alif* is NOT added.

Example:

عِيْدٌ ، عِيْدٍ ، عِيْدًا ، عجلَةً

Vocabulary

Rak'ah	رَكْعَة
District	حَيّ
Ruler	مِسْطَرَة
Blackboard	سَبُّوْرَة
Warehouse	مَتْجَر

How many?	كَمْ
Festival	عِيْد
Riyal	رِيَال
Wheel	عَجَلَة
Year	سَنَة

الدَّرْسُ التَّاسِعَ عَشَرَ

Lesson Nineteen

الْمُدِيْرُ: كَمْ طَالِبًا جَدِيْدًا فِيْ فَصْلِكَ يَا شَيْخُ؟

الْمُدَرِّسُ: فِيْهِ عَشَرَةُ طُلَّابٍ جُدُدٍ

الْمُدِيْرُ: مِنْ أَيْنَ هُمْ؟ أَكُلُّهُمْ مِنْ بَلَدٍ وَاحِدٍ؟

الْمُدَرِّسُ: لَا ، هُمْ مِنْ بِلَادٍ مُخْتَلِفَةٍ ، مِنْهُمْ ثَلَاثَةُ طُلَّابٍ مِنَ الْفِلِبِّيْنَ وَأَرْبَعَةُ طُلَّابٍ مِنَ الْيَابَانِ وَطَالِبَانِ مِنَ الصِّيْنِ وَطَالِبٌ وَاحِدٌ مِنْ مَالِيْزِيَا

الْمُدِيْرُ: أَفِيْ فَصْلِكَ طُلَّابٌ مِنْ أَمْرِيْكَا؟

الْمُدَرِّسُ: نَعَمْ ، فِيْهِ سَبْعَةُ طُلَّابٍ مِنْ أَمْرِيْكَا

الْمُدِيْرُ: أَهُمْ جُدُدٌ؟

الْمُدَرِّسُ: لَا ، هُمْ قُدَامَى

الْمُدِيْرُ: كَمْ طَالِبًا فِيْهِ مِنْ أُوْرُبَّا؟

الْمُدَرِّسُ: فِيْهِ خَمْسَةُ طُلَّابٍ مِنْ إِنْكَلْتَرَا وَثَمَانِيَةُ طُلَّابٍ مِنْ أَلْمَانِيَا وَسِتَّةُ طُلَّابٍ مِنْ فِرَنْسَا وَتِسْعَةُ طُلَّابٍ مِنَ الْيُوْنَانِ

الْمُدِيْرُ: شُكْرًا يَا شَيْخُ

تَمْرِيْنٌ (1)

Exercise – 1

(1) اِقْرَأْ وَاكْتُبْ

(3) ثلاثة طلّاب ....

(4) أربعة طلّاب ....

(5) خمسة طلّاب ....

(6) ستّة طلّاب ....

(7) سبعة طلّاب ....

(8) ثمانية طلّاب ....

(9) تسعة طلّاب ....

(10) عشرة طلّاب ....

(2) اِقْرَأْ وَاكْتُبْ

(1) عندي خمسة كتب وثلاثة أقلام

(2) خالد له ستّة أبناء

(3) كم أخا لك يا آمنة؟ لي أربعة إخوة

(4) في الأسبوع سبعة أيّام

(5) كم ريالا عندك الآنَ يا عمّار؟ عندي الآنَ ثمانية ريالات

(6) في هذا الحيّ تسعة بيوت جديدة

(7) لهذه السيّارة أربعة أبواب

(8) كم ثَمَنُ هذا الكتاب؟ ثمنه سبعة ريالات ونصف

(9) في هذا الفصل عشرة طلّاب قدامى وأربعة طلّاب جدد

(10) كم قميصًا عندك يا إبراهيم؟ عندي أربعة قُمصان

(11) عندي ريالان وخمسة قروش

(12) في هذه الحافلة عشرة ركّاب

(3) أَجِبْ عَنِ الْأَسْئِلَةِ الْآتِيَةِ مُسْتَعْمِلًا الْعَدَدَ الْمَذْكُوْرَ أَمَامَهَا

المثال: كَمْ كِتَابًا عِنْدَكَ؟ عِنْدِيْ ثَلَاثَةُ كُتُبٍ (3) (3)

(1) كَمْ أَخًا لَكَ يَا حَامِدُ؟ .... (5)

(2) كَمْ عَمًّا لَكَ يَا لَيْلَى؟ .... (4)

(3) كَمْ ابْنًا لَكَ يَا شَيْخُ؟ .... (6)

(4) كَمْ سُؤَالًا فِيْ هَذَا الدَّرْسِ؟ .... (8)

(5) كَمْ رَاكِبًا فِيْ الْحَافِلَةِ؟ .... (9)

(6) كَمْ رِيَالًا فِيْ جَيْبِكَ؟ .... (7)

(7) كَمْ ثَمَنُ هَذَا الْكَلْبِ؟ .... (10)

(4) أُكْتُبِ الْعَدَدَ مِنْ 3 إِلَى 10 وَاجْعَلْ كُلًّا مِنَ الْكَلِمَاتِ الْآتِيَةِ مَعْدُوْدًا لَهُ

كتاب

3 ....

4 ....

5 ....

6 ....

7 ....

8 ....

9 ....

10 ....

قلم

3
4
5
6
7
8
9
10

تاجر

3
4
5
6
7
8
9
10

3 ....

4 ....

5 ....

6 ....

رجل

7 ....

8 ....

9 ....

10 ....

3 ....

4 ....

5 ....

6 ....

طالب

7 ....

8 ....

9 ....

10 ....

3 ....

4 ....

5 ....

6 ....

ريال

7 ....

8 ....

9 ....

10 ....

3 ....

4 ....

5 ....

6 ....

قرش

7 ....

8 ....

9 ....

10 ....

أخ

.... 3
.... 4
.... 5
.... 6
.... 7
.... 8
.... 9
.... 10

ابن

.... 3
.... 4
.... 5
.... 6
.... 7
.... 8
.... 9
.... 10

Main lesson:

Note: Lesson nineteen (19) and lesson twenty (20) are both based on the same main lesson. Therefore, both main lessons will be discussed here.

As we have learnt in the Arabic language plural is anything **after** two, (two is تثنية). In English when you want to specify the plural you bring numbers, e.g. **three** men, **three** women. Similarly in Arabic we specify the plurals using numbers. However, in Arabic there are certain rules for each number. In lesson (19) and lesson (20) we learn the rules for the whole numbers from **three** to **ten**. Below are the Arabic numbers from 3 - 10.

Three	ثَلَاثَة (ثَلَاث)
Four	أَرْبَعَة (أَرْبَع)
Five	خَمْسَة (خَمْس)
Six	سِتَّة (سِت)
Seven	سَبْعَة (سَبْع)
Eight	ثَمَانِيَة (ثَمَانِي)
Nine	تِسْعَة (تِسْع)
Ten	عَشَرَة (عَشَر)

Rules of the Arabic numbers from 3-10

- The Arabic number is called عدد and the noun numbered is called معدود.
- The عدد (number) will be مضاف.
- The معدود (numbered) will be مضاف إليه.
- The عدد (مضاف) can be in any case, HOWEVER the معدود (مضاف إليه) is ALWAYS in مجرور (genitive case).
- If the معدود is **masculine** then عدد will be **feminine**.
- If the معدود is **feminine** then عدد will be **masculine**.
- In both cases the معدود will be **plural**.

NOTE: The above mentioned rules ONLY apply if the numbers are in the form showed in the table. More detail will be introduced later.

Example:

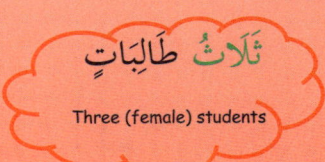

ثَلَاثُ طَالِبَاتٍ

Three (female) students

NOTICE:
1) The masculine عدد is used as the معدود is feminine.
2) The معدود is plural.

ثَلَاثَةُ طُلَّابٍ

Three (male) students

NOTICE:
1) The feminine عدد is used as the معدود is masculine.
2) The معدود is plural.

Sub lesson one:

The word for one (masculine) is وَاحِد.

طَالِبٌ وَاحِدٌ

The word for two (masculine) is اِثْنَان (اِثْنَيْنِ).

طَالِبَانِ اِثْنَانِ

NOTICE: The عدد (number) is an adjective according to case

NOTE: The number for 1 & 2 is usually omitted as the word itself indicates upon the singular or dual meaning. However, the numbers are sometimes added for emphasis.

Sub lesson two:

كَمْ ثَمَنُ هَذَا الْكِتَابِ؟

What is the price of this book?

In this sentence the noun after كَمْ is omitted. For example رِيَالًا is hidden.

Vocabulary

1/20th of a Riyaal	قِرْش ج قُرُوْش
Passenger	رَاكِب ج رُكّاب
Old	قَدِيْم ج قُدَامَى
Price	ثَمَن
Half	نِصْف
France	فَرَنْسَا
Yugoslavia	يُوْغُوْسَلَافِيَا
Thanks	شُكْرًا
All	كُلّ

Pocket	جَيْب
Riyaal	رِيَال
Bus	حَافِلَة
Question	سُؤَال
City	بَلَد
Europe	أُوْرُبَّا
Different	مُخْتَلِفَة
Germany	أَلْمَانِيَا
Malaysia	مَالِيْزِيَا

الدَّرْسُ العِشْرُوْنَ

Lesson Twenty

لَيْلَى: يَا سَلْمَى ، أَفِيْ فَصْلِكِ طَالِبَاتٌ مِنَ الصِّيْنِ وَالْيَابَانِ؟

سَلْمَى: نَعَمْ ، فِيْ فَصْلِنَا خَمْسُ طَالِبَاتٍ مِنَ الصِّيْنِ وَأَرْبَعُ طَالِبَاتٍ مِنَ الْيَابَانِ وَثَمَانِيْ طَالِبَاتٍ مِنْ إِنْدُوْنِيْسِيَا

لَيْلَى: وَفِيْ فَصْلِنَا ثَلَاثُ طَالِبَاتٍ مِنَ الْهِنْدِ وَسِتُّ طَالِبَاتٍ مِنَ الْفِلِبِّيْنَ وَسَبْعُ طَالِبَاتٍ مِنْ تُرْكِيَا

سَلْمَى: كَمْ أُخْتًا لَكِ يَا لَيْلَى؟

لَيْلَى: لِيْ ثَلَاثُ أَخَوَاتٍ

سَلْمَى: وَكَمْ أَخًا لَكِ؟

لَيْلَى: لِيْ خَمْسَةُ إِخْوَةٍ

سَلْمَى: لَكِ ثَلَاثُ أَخَوَاتٍ وَخَمْسَةُ إِخْوَةٍ

لَيْلَى: نَعَمْ ، وَكَمْ أَخًا وَأُخْتًا لَكِ؟

سَلْمَى: لِيْ أَرْبَعَةُ إِخْوَةٍ وَأَرْبَعُ أَخَوَاتٍ

لَيْلَى: لِيْ زَمِيْلَةٌ اسْمُهَا خَدِيْجَةُ ، لَهَا ثَمَانِيَةُ إِخْوَةٍ وَثَمَانِيْ أَخَوَاتٍ

تَمْرِينٌ (1)

Exercise – 1

(1) اِقْرَأْ وَاكْتُبْ

(3) ثلاث طالبات ....

(4) أَربع طالبات ....

(5) خمس طالبات ....

(6) ستّ طالبات ....

(7) سبع طالبات ....

(8) ثماني طالبات ....

(9) تسع طالبات ....

(10) عشر طالبات ....

(2) اِقْرَأْ وَاكْتُبْ

(1) في بيتنا ثلاث غرف

(2) في الجامعة عشر حافلات

(3) في هذه المدرسة ثماني مدرّسات

(4) عبّاس له سبع بنات

(5) في بيتنا تسع دجاجات

(6) في الجامعة خمس كلّيّات

(7) في المستشفى عشر طبيبات وأربع ممرّضات

(8) خالد له ثلاثة أبناء وأربع بنات

(9) لي خمسة إخوة وستّ أخوات

(10) في هذا الكتاب عشرة دروس

(11) لنا أربعة أعمام وخمس عمّات

(12) في بلدي خمس جامعات

(13) في ذلك الدرس ثماني كلمات جديدات

(14) عندي ثلاث مجلّات

(3) أَجِبْ عَنِ الْأَسْئِلَةِ الْآتِيَةِ مُسْتَعْمِلًا الْعَدَدَ الْمَذْكُوْرَ أَمَامَهَا

(1) كَمْ أَخًا لَكَ؟ .... (6)

(2) كَمْ أُخْتًا لَكَ؟ .... (5)

(3) كَمْ بَقَرَةً فِيْ الْحَقْلِ؟ .... (10)

(4) كَمْ طَالِبَةً جَدِيْدَةً فِيْ الْفَصْلِ؟ .... (9)

(5) كَمْ طَبِيْبَةً فِيْ مُسْتَشْفَى الْوِلَادَةِ؟ .... (8)

(6) كَمْ حَافِلَةً فِيْ الْجَامِعَةِ؟ .... (6)

(7) كَمْ ابْنًا لَكَ؟ .... (4)

(8) كَمْ بِنْتًا لَكَ؟ .... (7)

(9) كَمْ جَامِعَةً فِيْ بَلَدِكَ؟ .... (3)

(10) كَمْ كِتَابًا عِنْدَكَ؟ .... (8)

(4) اِقْرَأْ الْجُمَلَ الْآتِيَةَ وَاكْتُبْهَا مَعَ كِتَابَةِ الْأَعْدَادِ الْوَارِدَةِ فِيْهَا بِالْحُرُوْفِ

(1) لي 4 إخوة و3 أخوات

(2) محمّد له 5 أبناء و8 بنات

(3) عندي 10 كتب و7 مجلّات

(4) في المستشفى 9 طبيبات و6 ممرّضات

(5) عندي 4 قمصان

(6) لهذه السيّارة 4 أبواب

(7) في هذه الكلمة 5 حروف

(8) في مدرستنا 8 مدرّسات

(9) في بيتنا 10 رجال و10 نساء

(10) ذهب أبي إلى الرّياض قبل 3 أيّام

(4) أُكْتُبِ الْعَدَدَ مِنْ 3 إِلَى 10 وَاجْعَلْ كُلًّا مِنَ الْكَلِمَاتِ الْآتِيَةِ مَعْدُودًا لَهُ

سيّارة

3 ....

4 ....

5 ....

6 ....

7 ....

8 ....

9 ....

10 ....

أخت

3 ....

4 ....

5 ....

6 ....

7 ....

8 ....

9 ....

10 ....

طالبة

3	....
4	....
5	....
6	....
7	....
8	....
9	....
10	....

مجلّة

3	....
4	....
5	....
6	....
7	....
8	....
9	....
10	....

بنت

3	....
4	....
5	....
6	....
7	....
8	....
9	....
10	....

ساعة

3	....
4	....
5	....
6	....
7	....
8	....
9	....
10	....

Main lesson:

This chapter is an addition to the previous chapter (chapter 19). It is consolidating the same ideas. Chapter 19 is based on masculine معدود and Chapter 20 is based on feminine معدود

Example:

ثَلَاثُ مَجَلَّاتٍ	ثَلَاثَةُ تُجَّارٍ
أَرْبَعُ مَجَلَّاتٍ	أَرْبَعَةُ تُجَّارٍ
خَمْسُ مَجَلَّاتٍ	خَمْسَةُ تُجَّارٍ
سِتُّ مَجَلَّاتٍ	سِتَّةُ تُجَّارٍ
سَبْعُ مَجَلَّاتٍ	سَبْعَةُ تُجَّارٍ
ثَمَانِيْ مَجَلَّاتٍ	ثَمَانِيَةُ تُجَّارٍ
تِسْعُ مَجَلَّاتٍ	تِسْعَةُ تُجَّارٍ
عَشْرُ مَجَلَّاتٍ	عَشَرَةُ تُجَّارٍ

Notes:

- The معدود will be in مجرور (genitive) case as it is مضاف إليه.
- The عدد can be in any case depending on what is before it as it is مضاف.
- Notice ثَمَانِيْ will always have a saakin on the last letter.

Sub lesson one:

The ش on the number ten (عشرة/عشر) will have a *Fathah* on it if the معدود is مذكّر (masculine) & it will have *Sakin* on it if the معدود is مؤنث (feminine).

Example:

رَأَيْتُ عَشَرَةَ رِجَالٍ

رَأَيْتُ عَشْرَ نِسَاءٍ

In the first example there is a *Fathah* on the ش as the معدود is masculine.

In the second example there is a *Sakin* on the ش as the معدود is feminine.

Sub lesson two:

The word for one (feminine) is وَاحِدَة.

طَالِبَةٌ وَاحِدَة

The word for two (feminine) is اِثْنَتَانِ (اِثْنَتَيْنِ).

طَالِبَتَانِ اِثْنَتَانِ

NOTICE: The عدد (number) is an adjective.

NOTE: The number for 1 & 2 is usually omitted as the word itself indicates upon the singular or dual. However, the numbers are sometimes added for emphasis.

Vocabulary

Indonesia	إِنْدُوْنِيْسَيَا
Word	كَلِمَة ج كَلِمَات

Magazine	مَجَلَّة ج مجلّات
Letter (of the alphabet)	حَرْف ج حُرُوْف

الدَّرْسُ الحَادِيْ وَالْعِشْرُوْنَ

Lesson Twenty-one

مَدْرَسَتِيْ

هذه مدرستي ، هي قريبة من المسجد ، هي مدرسة كبيرة ، لها ثلاثة أبواب ، أبوابها مفتوحة الآن

في المدرسة فصول كثيرة ، هذا فصلنا ، وهو فصل واسع ، فيه نافذتان كبيرتان ، وفيه مكاتب وكراسيّ ، وفيه سبّورة كبيرة ، هذا مكتب المدرّس وذاك كرسيّه ، وتلك مكاتب الطلّاب وكراسيّهم ، مكتب المدرّس كبير ومكاتب الطلّاب صغيرة

في فصلنا عشرة طلّاب ، وهم من بلاد مختلفة ، هذا محمّد وهو من اليابان ، وهذا خالد وهو من الصّين ، وهذا أحمد وهو من الهند ، وهذا إبراهيم وهو من غانا ، وهذا إسماعيل وهو من نيجيريا ، وهذا يوسف وهو من إنكلترا ، وهذا بَيْرَمُ وهو من تركيا ، وهذا عمّار وهو من ماليزِيا ، وهذا عليّ وهو من أمريكا ، وهذا أبو بكر وهو من اليونان

هم من بلاد مختلفة ولغاتهم مختلفة وألوانهم مختلفة ولكن دينهم واحد وربّهم واحد ونبيّهم واحد وقبلتهم واحدة ، هم مسلمون والمسلمون إخوة

هذا مدرّسنا ، اسمه الشيخ بلال ، وهو من سُوْرِيا ، وهو رجل صالح ، نحن نحبّه كثيرا

تَمْرِيْنٌ (1)

Exercise – 1

(1) أَجِبْ عَنِ الْأَسْئِلَةِ الْآتِيَة

(1) أَيْنَ هَذِهِ الْمَدْرَسَةُ؟

(2) كَمْ بَابًا لَهَا؟

(3) أَمُغْلَقَةٌ أَبْوَابُهَا الْآنَ أَمْ مَفْتُوْحَةٌ؟

(4) كَمْ نَافِذَةً فِيْ هَذَا الْفَصْلِ؟

(5) كَمْ طَالِبًا فِيْ هَذَا الْفَصْلِ؟

(6) أَكُلُّهُمْ مِنْ بَلَدٍ وَاحِدٍ؟

(7) مِنْ أَيْنَ أَبُوْ بَكْرٍ؟

(8) مِنْ أَيْنَ أَحْمَدُ؟

(9) مِنْ أَيْنَ يُوْسُفُ؟

(10) مِنْ أَيْنَ مُحَمَّدٌ؟

(11) مَنْ مُدَرِّسُهُمْ؟

(12) مِنْ أَيْنَ هُوَ؟

(2) ضَعْ هَذِهِ الْعَلَامَةَ (✔) أَمَامَ الْجُمَلِ الصَّحِيْحَةِ وَهَذِهِ الْعَلَامَةَ (✖) أَمَامَ الْجُمَلِ الَّتِيْ لَيْسَتْ صَحِيْحَةً

(1) مدرستي قريبة من المطار ....

(2) لها ثلاثة أبواب ....

(3) أبوابها مغلقة الآن ....

(4) مكاتب الطّلاب كبيرة ....

(5) مكتب المدرّس كبير ....

(6) في فصلنا عشرة طلّاب ....

(7) عمّار من اليونان ....

(8) بَيْرَمُ من تركيا ....

(9) يوسف من ماليزيا ....

(10) مدرّسنا من سُوريا ....

(3) أُذْكُرِ الْبِلَادَ الْوَارِدَةَ فِيْ الدَّرْسِ مِنْ آسِيَا وَإِفْرِيْقَا وَأُوْرُبَّا

الْبِلَادُ الَّتِيْ فِيْ آسِيَا	الْبِلَادُ الَّتِيْ فِيْ إِفْرِيْقِيَا	الْبِلَادُ الَّتِيْ فِيْ أُوْرُبَّا
....	....	....
....	....	....
....	....	....
....	....	....
....	....	....
....	....	....

Main lesson:

In this lesson there is no new construction. It is mainly revising names of different countries & places

NOTE: These are all the places mentioned in part 1 of this book.

Europe	أُوْرُبَّا
Africa	إِفْرِيْقِيَا
Asia	آسِيَا
Ghana	غَانَا
Nigeria	نَيْجِيْرِيَا
Germany	أَلْمَانِيَا
England	إِنْكَلْتَرَا
Switzerland	سُوَيْسِرَا
France	فَرَنْسَا
Greece	يُوْنَان
Yugoslavia	يُوْغُسَلَافِيَا
Turkey	تُرْكِيَا
Japan	يَابَان
China	صِيْن
India	هِنْد
Iraq	عِرَاق
Indonesia	إِنْدُوْنِيْسِيَا
Syria	سُوْرِيَا
Philippines	فِلِبِّيْن
Malaysia	مَالِيْزِيَا
Saudi Arabia	السَعُوْدِيَة العَرَبِيَّة
Kuwait	كُوَيْت
America	أَمْرِيْكَا
Baghdad	بَغْدَاد
Cairo	قَاهِرَة
Jeddah	جُدَّة
Istanbul	إِصْطَنْبُوْل
Washington	وَاشِنْطُن
Taif	طَائِفُ
Riyadh	رِيَاض
Pakistan	بَاكِسْتَان
London	لَنْدَن

Vocabulary

Chair	كُرْسِيّ
Wide	وَاسِع
We love	نُحِبُّ

Desk	مَكْتَب
Colour	لَوْن
That	ذَاكَ

الدَّرْسُ الثَّانِيْ وَالْعِشْرُوْنَ

Lesson Twenty-two

حامدٌ طبيبٌ ، زوجته مدرِّسةٌ ، اسمها آمنةُ ، حامدٌ له أربعةُ أبناءٍ

هُمْ: حَمْزَةُ وَعُثْمَانُ وَأَحْمَدُ وَإِبْرَاهِيْمُ

أحمدُ وحمزةُ طالبان ، أحمدُ طالبٌ مُجْتَهِدٌ وحمزةُ طالبٌ كسلانُ

قال يوسف: عندي خمسةُ أقلام: هذا قلمٌ أحمرُ ، وهذا قلمٌ أَزْرَقُ ، وهذا قلمٌ أَخْضَرُ ، وهذا قلمٌ أَسْوَدُ ، وهذا قلمٌ أَصْفَرُ

قالت زينبُ: عندي مناديل كثيرةٌ ، هذا أبيض ، وهذا أصفر ، وهذا أحمر ، وهذا أزرق

قالتْ لها فاطمةُ: أعندكِ مِنْديلٌ أخضر؟

قالت: لا ، ما عندي منديلٌ أخضرُ

قال طلحة: عندي مفاتيح كثيرةٌ ، هذا مفتاح الغرفة وهذا مفتاح الحقيبة وهذا مفتاح السيّارة

قال سفيان: في بلدنا مساجدُ ومدارسُ كثيرةٌ وفنادقُ قليلةٌ

أهؤلاءِ أَطِبَّاءُ؟

لا ، هم مدرّسون ، وهم علماءُ كبارٌ

الْمَمْنُوْعُ مِنَ الصَّرْفِ

الْأَنْوَاعُ الْآتِيَةُ مِنَ الْأَسْمَاءِ مَمْنُوْعَةٌ مِنَ الصَّرْفِ

1 – زَيْنَبُ ، مَرْيَمُ ، فَاطِمَةُ ، عَائِشَةُ ، مَكَّةُ ، جُدَّةُ [أسماء للمؤنّث]

2 – حَمْزَةُ ، أُسَامَةُ ، مُعَاوِيَةُ ، طَلْحَةُ [أسماء مع "ة" المرسومة]

3 – (أ) عُثْمَانُ ، عَفَّانُ ، سُفْيَانُ ، مَرْوَانُ ، نُعْمَانُ [أسماء مع "ان" الزائدتان]

(ب) كَسْلَانُ ، جَوْعَانُ ، عَطْشَانُ ، شَبْعَانُ ، مَلْآنُ [أوصاف مع "ان" الزائدتان]

4 – (أ) أَحْمَدُ ، أَنْوَرُ ، أَكْبَرُ ، أَسْعَدُ [أسماء على وزن "أفعل"]

(ب) أَبْيَضُ ، أَسْوَدُ ، أَحْمَرُ ، أَصْفَرُ ، أَخْضَرُ ، أَزْرَقُ [أوصاف على وزن "أفعل"]

5 – وِلْيَمُ ، إِدْوَرْدُ ، لَنْدَنُ ، بَارِيْسُ ، بَاكِسْتَانُ ، بَغْدَادُ ، إِبْرَاهِيْمُ ، إِسْمَاعِيْلُ ، إِسْحَاقُ ، يَعْقُوْبُ ، يُوْنُسُ ، يُوْسُفُ [أسماء عجميّة]

6 – (أ) أَغْنِيَاءُ ، أَصْدِقَاءُ ، أَقْوِيَاءُ ، أَطِبَّاءُ [وزن "أَفْعِلَاء"]

(ب) فُقَرَاءُ ، وُزَرَاءُ ، زُمَلَاءُ ، عُلَمَاءُ [وزن "فُعَلَاء"]

(ج) مَسَاجِدُ ، مَدَارِسُ ، فَنَادِقُ ، مَكَاتِبُ ، دَقَائِقُ [وزن "مَفَاعِل"]

(د) مَنَادِيْلُ ، مَفَاتِيْحُ ، فَنَاجِيْنُ ، كَرَاسِيُّ [وزن "مفاعيل"]

تَمْرِيْنٌ (1)

Exercise – 1

(1) اِقْرَإِ الْكَلِمَاتِ الْآتِيَةَ وَاكْتُبْهَا مَعَ ضَبْطِ أَوَاخِرِهَا

مُحَمَّد	خَالِد	مَرْيَم	فَاطِمَة	عَبَّاس	حَمْزَة
مَسَاجِد	كُتُب	أَقْلَام	مَنَادِيْل	بُيُوْت	زُمَلَاء
لَنْدَن	سُفْيَان	حَامد	أَحْمد	إِبْرَاهِيْم	مَكَّة
زَيْنَب	أَصْدِقَاء	مُدَرِّسَات	مَحْمُوْد	بَغْدَاد	جَمِيْل
كَبِيْر	أَكْبَر	مُجْتَهِد	طَوِيْل	كَسْلَان	طُلَّاب
فُقَرَاء	عَلِيّ	بَاكِسْتَان	عَمَّار	سَيَّارَات	أَحْمَر
إِسْمَاعِيْل	بَارِيْس	بَاب	قَلَم	مَدَارِس	جُدَّة
مَفَاتِيْح	مَدْرَسَة	مَلْآن	مَكَاتِب	قَرِيْب	أُسَامَة

Main lesson:

We have learnt many nouns, many of which have a تنوين . However, we have learnt تنوين is omitted in the following situations:

1. When the noun is proceeded by ال . Example: القلمُ.
2. When the noun is مضاف . Example: قلمُ رئيس.
3. When proceeded by يا . Example: يا طبيبُ.

Now in this chapter we will learn another place where the noun **never** accepts تنوين :

المَمْنُوعُ مِنَ الصَّرْفِ

Certain nouns in Arabic are الممنوع من الصرف , also called غير منصرف (diptotes).

The following nouns will be treated as الممنوع من الصرف :

- Feminine proper nouns. Example: فَاطِمَةُ ، مَرْيَمُ ، زَيْنَبُ.
- Masculine proper nouns ending in (ة). Example: معاويةُ ، حمزةُ.
- Masculine proper nouns ending in (ان). Example: عدنانُ ، سفيانُ.
- Adjectives on the scale of فَعْلان. Example: كَسْلَانُ ، عَطْشَانُ.
- Masculine proper nouns on the scale of أَفْعَل . Example: أَحْمَدُ ، أَنْوَرُ.
- Adjectives on the scale of أَفْعَل .Example: أَبْيَضُ ، أَحْمَرُ.
- Non-Arabic proper nouns. Example: وِلْيَمُ ، إِدْوَرْدُ ، بَغْدَادُ.
- The following scales of broken plural
  1. أَفْعِلاءُ . Example: أَغْنِيَاءُ ، أَصْدِقَاءُ.
  2. فُعَلاءُ . Example: فُقَرَاءُ ، وُزَرَاءُ.
  3. مَفَاعِل . Example: مَسَاجِدُ ، مَدَارِسُ.
  4. مَفَاعِيْل . Example: مَنَادِيْلُ ، مَفَاتِيْحُ.

NOTES: There are some rules of الممنوع من الصرف:

1. It will not accept تنوين.
2. It will not accept a كسرة (*Kasrah*) in مجرور (genitive) case, and instead a فتحة (*Fathah*) will be given.
3. Only if the noun has ال proceeding it or it is a مضاف (possessed) then it will accept a كسرة when in the جر state.

Vocabulary

Key	مِفْتَاح
Red	أَحْمَر
He said	قَالَ
Baghdad	بَغْدَادُ
Jeddah	جُدَّة
Blue	أَزْرَق

Tea-cup	فِنْجَان
School	مَدْرَسَة
Masjid	مَسْجِد
White	أَبْيَض
Yellow	أَصْفَر
Green	أَخْضَر
Minute	دَقِيْقَة

الدَّرْسُ الثَّالِثُ وَالْعِشْرُوْنَ

Lesson Twenty-three

الْمُدَرِّسُ: مَنْ أَنْتَ يَا أَخِيْ؟

أَحْمَدُ: أَنَا طَالِبٌ جَدِيْدٌ

الْمُدَرِّسُ: مَا اسْمُكَ؟

أَحْمَدُ: اِسْمِيْ أَحْمَدُ

الْمُدَرِّسُ: مِنْ أَيْنَ أَنْتَ؟

أَحْمَدُ: أَنَا مِنْ بَاكِسْتَانَ

الْمُدَرِّسُ: عِنْدِيْ سَبْعَةُ دَفَاتِرَ ، لِمَنْ هِيَ؟

عَبَّاسٌ: هَاتِ يَا أُسْتَاذُ ، هَذَا لِيْ ، وَهَذَا لِمُحَمَّدٍ وَهَذَا لِحَامِدٍ وَهَذَا لِإِبْرَاهِيْمَ وَهَذَا لِعُثْمَانَ وَهَذَا لِيُوْسُفَ وَهَذَا لِطَلْحَةَ

الْمُدَرِّسُ: أَهَذَا كِتَابُكَ يَا مُحَمَّدُ؟

مُحَمَّدٌ: لَا ، هَذَا كِتَابُ حَمْزَةَ

الْمُدَرِّسُ: أَيْنَ عَلِيٌّ يَا إِخْوَانُ؟

حَامِدٌ: ذَهَبَ إِلَى الرِّيَاضِ

الْمُدَرِّسُ: وَأَيْنَ يَعْقُوْبُ؟

حَامِدٌ: ذَهَبَ إِلَى مَكَّةَ

الْمُدَرِّسُ: أَيْنَ إِسْحَاقُ؟

مُحَمَّدٌ: ذَهَبَ إِلَى الْمُدِيْرِ

الْمُدَرِّسُ: مَتَى خَرَجَ؟

مُحَمَّدٌ: خَرَجَ قَبْلَ خَمْسِ دَقَائِقَ

تَمْرِينٌ (1)
Exercise – 1

(1) تَأَمَّلِ الْأَمْثِلَةِ الْآتِيَةَ

مُحَمَّدٌ :	مِنْ مُحَمَّدٍ	إِلَى مُحَمَّدٍ	لِمُحَمَّدٍ	كِتَابُ مُحَمَّدٍ
زَيْنَبُ :	مِنْ زَيْنَبَ	إِلَى زَيْنَبَ	لِزَيْنَبَ	كِتَابُ زَيْنَبَ

(2) اِقْرَأْ وَاكْتُبْ

(1) هذا الكتاب لمحمّد وذلك لزينب

(2) ذهب خالد إلى أحمد

(3) ذهب أبي إلى مكّة وذهب عمّي إلى جُدّة

(4) أخت مروان مريضة

(5) أين زوج خديجة؟ هو في لندن

(6) سيّارة حامد جديدة وسيّارة إبراهيم قديمة

(7) بيت خالد كبير وبيت أسامة صغير

(8) أين ذهب أبوك يا ليلى؟ ذهب إلى بغداد

(9) في إصطنبول مساجد كثيرة

(10) عندي خمسة مفاتيح

(11) هذا الطّبيب اسمه وِلْيَم وهو من لندن وذلك اسمه لُوِيْس وهو مِنْ بَارِيْس

(12) الكعبة في مكّة

(13) في هذا الشارع ثلاثة مساجد

(14) سيّارتي لونها أخضر

(15) عندي قلم أحمر

(16) "البَيْتُ الْأَبْيَضُ" في وَاشِنْطُنَ

(17) ذهب أحمد إلى محمّد

(18) ذهب محمّد إلى أحمد

(19) أأنت من مكّة؟ لا ، أنا من الطّائف

(20) أخت فاطمة طالبة

(3) اِقْرَإِ الْكَلِمَاتِ الْآتِيَةَ وَاكْتُبْهَا مَعَ ضَبْطِ أَوَاخِرِهَا

آمنة	من آمنة	لأحمد	أحمد	عثمان	من باكستان
باكستان	لِخديجة	لَنْدن	إلى بغداد	إصطنبول	مكّة
فِيْ مكّة	جدّة	مساجد	فِيْ مدارس	يعقوب	لِإسْحاق
معاوية	من معاوية	لعائشة	عائشة	محمّد	خالد
من عبّاس	نعمان	حامد			

(4) أُكْتُبِ الْعَدَدَ مِنْ 3 إِلَى 10 وَاجْعَلْ كُلًّا مِنَ الْكَلِمَاتِ الْآتِيَةِ مَعْدُوْدًا لَهُ

مسجد

3 ....

4 ....

5 ....

6 ....

7 ....

8 ....

9 ....

10 ....

3 ....

4 ....

5 ....

فُنْدُق

6 ....

7 ....

8 ....

9 ....

10 ....

3 ....

4 ....

5 ....

مِنْديل

6 ....

7 ....

8 ....

9 ....

10 ....

3 ....

4 ....

5 ....

6 ....

مفتاح

7 ....

8 ....

9 ....

10 ....

3 ....

4 ....

5 ....

6 ....

صديق

7 ....

8 ....

9 ....

10 ....

3 ....

4 ....

5 ....

6 ....

زميل

7 ....

8 ....

9 ....

10 ....

3 ....

4 ....

5 ....

6 ....

كرسيّ

7 ....

8 ....

9 ....

10 ....

3 ....

4 ....

5 ....

6 ....

مدرسة

7 ....

8 ....

9 ....

10 ....

3 ....

4 ....

5 ....

6 ....

دقيقة

7 ....

8 ....

9 ....

10 ....

Main lesson:

This chapter is a revision of chapter 22, there is no new construction. Here, the previous chapter will be repeated in a different format.

المَمْنُوْعُ مِنَ الصَّرْفِ

This occurs, as explained in some books, due to nine reasons. However, there are conditions. The following flow chart explains.

وَصْف
Adjective

Any وصف (adjective) on the scale of

أَفْعَلُ (أَحْمَر)

فَعْلَانُ (عَطْشَان)

فُعَالُ (ثُلَاث)

مَفْعَلُ (مَثْلَث)

And the word

أُخَرُ

Nouns on the scale of

مَفَاعِلُ

(The third letter is *Alif* with two letters after it)

مَفَاعِيْلُ

(The third letter is *Alif* with three letters after it and the middle is *Saakin)*

ألف الممدودة

(This is every noun which has a *Hamzah* at the end proceeded by an **extra** *Alif)*

ألف المقصورة

(This is every noun which has a Alif/ *Yaa* as the last letter proceeded by a *Fathah)*

Examples:

مَسَاجِدُ

مَنَادِيْلُ

حَمْرَاءُ

ذِكْرَى

عَلَم
Proper noun

- عَدَل — Change form
- تَأنِيْث — Feminine
- عُجْمَة — Non-Arabic
- وَزْنُ الفِعْل — Verb scale
- تَرْكِيْب — Joining words
- (ان) زائدتان — Extra ان

NOTES:

(1) If the noun falls under one of the 3 categories above it will be الممنوع من الصرف .

(2)There is more detail with regards to some cases which can be read in detailed books.

Additional notes

After completing the notes for the first twenty-three chapters of Durus part 1, few additional notes have been added here for the benefit of the Arabic beginner students. These notes include the basic day-to-day Arabic usage varying from Arabic colours to seasons to state of weather etc.

Colours (أَلْوَان)		
Black (أَسْوَد/سَوْدَاء)	Red (أَحْمَر/حَمْرَاء)	Blue (أَزْرَق/زَرْقَاء)
Green (أَخْضَر/خَضْرَاء)	Yellow (أَصْفَر/صَفْرَاء)	White (أَبْيَض/بَيْضَاء)
Purple (أُرْجُوَانِيّ/أُرْجُوَانِيَّة)	Pink (قُرُنْفُلِيّ/قُرُنْفُلِيَّة)	Grey (رَمَادِيّ/رَمَادِيَّة)
Violet (بَنَفْسَجِيّ/بَنَفْسَجِيَّة)	Orange (بُرْتُقَالِيّ/بُرْتُقَالِيَّة)	Brown (بُنِّي/بُنِّيَّة)

Seasons (الْفُصُوْل)

Winter	شِتَاء	Summer	صَيْف
Spring	رَبِيْع	Autumn	خَرِيْف

State of Weather (الْحَالَةُ الْجَوِيَّةُ)

Snow	ثَلْج	Weather/atmosphere	جَوّ
Downpour	هُطُوْل	Degree	دَرَجَة
Rainy	مُمْطِر	Celsius	مِئَوِيَّة
Wet	مَاطِر	Humidity	رُطُوْبَة
Cold	بَارِد	Weather/climate	طَقْس
Wind	رِيَاح	Heat/temperature	حَرَارَة
Storm	عَاصِفَة	Hot	حَارّ
Lightning	بَرْق	Sun	شَمْس
Thunder	رَعْد	Sunny	مُشْمِس
Thundery	رَعْدِيّ	Cloudy	غَائِمَة
Clear	صَافِيَة	Cloud	سَحَابَة
Clear/cloudless	صَحْو	Fog	ضَبَاب
		Visibility	رُؤْيَة

Months (الشُّهُوْر)			
July	يُوْلِيُو (تَمُّوْز)	January	يَنَايِر
August	أُغُسْطُس (آب)	February	فِبْرَايِر (شُبَاط)
September	سِبْتَمْبِر (أَيْلُوْل)	March	مَارِس (آذَار)
October	أُكْتُوْبَر	April	إِبْرِيْل (نَيْسَان)
November	نُوْفَمْبِر	May	مَايُوْ
December	دِيْسَمْبِر	June	يُوْنْيَه (يُوْنْيُو)

Family (الأُسْرَة)

Surname	عَائِلَة	Relationship	نَسَب
Grandmother	جَدَّة	Grandfather	جَدّ
Mother	أُمّ	Father	أَب
Mother	وَالِدَة	Father	وَالِد
Wife	زَوْجَة	Husband	زَوْج
Daughter	اِبْنَة	Son	اِبْن
Granddaughter	حَفِيْدَة	Grandson	حَفِيْد
Sister	أُخْت	Brother	أَخ
Full blood sister	شَقِيْقَة	Full blood brother	شَقِيْق
Paternal aunt (father's sister)	عَمَّة	Paternal uncle (father's brother)	عَمّ
Maternal aunt (mother's sister)	خَالَة	Maternal uncle (mother's brother)	خَال
Paternal cousin (father's brother's daughter)	بِنْتُ الْعَمّ	Paternal cousin (father's brother's son)	اِبْنُ الْعَمّ
Paternal cousin (father's sister's daughter)	بِنْتُ الْعَمَّة	Paternal cousin (father's sister's son)	اِبْنُ الْعَمَّة
Maternal cousin (mother's brother's daughter)	بِنْتُ الْخَال	Maternal cousin (mother's brother's son)	اِبْنُ الْخَال
Maternal cousin (mother's sister's daughter)	بِنْتُ الْخَالَة	Maternal cousin	اِبْنُ الْخَالَة
Daughter-in-law/ Sister-in-law	كَنَّة	Nephew (brother's son)	اِبْنُ الْأَخ
Niece (sister's daughter)	بِنْتُ الْأُخْت	Nephew (sister's son)	اِبْنُ الْأُخْت
Niece (brother's daughter)	بِنْتُ الْأَخ	Son-in-law/ brother-in-law	صِهْر
Mother-in-law	حَمَاة	Father-in-law	حَمُو

Restaurant Menu (قَائِمَة الأَطْعِمَة)

Chocolate drinks	مَشْرُوْبَات الشُّوْكُوْلَاتَه	Starters	مُقَبِّلَات
Orange juice	عَصِيْر الْبُرْتُقَال	Main Course Dishes	وَجَبَات رَئِيْسَة
Grape juice	عَصِيْر العِنَب	Side Dishes	أَطْبَاق جَانِبِيَّة
Apple juice	عَصِيْر التُّفَّاح	Desserts	حَلْوَيَات
Mango juice	عَصِيْر مَانْجُو	Beverages	مَشْرُوْبَات
Tea	شَاي	Vegetable soup	حَسَاء الْخُضَر
Mint tea	شَاي بِالنَّعْنَع	Lentil soup	حَسَاء الْعَدَس
Milk	حَلِيْب	Tomato soup	حَسَاء الطَّمَاطِم
Milkshake	مِيْلْك شِيْك	Chicken soup	حَسَاء الدَّجَاج
Coffee	قَهْوَة	Curry	كَارِي
Cappuccino	قَهْوَة إِيْطَالِيَّة	Macaroni	مَعْكَرُوْنَة
Arabian coffee	قَهْوَة عَرَبِيَّة	Kebab	كَبَاب
Turkish coffee	قَهْوَة تُرْكِيَّة	Hummus/chick-pea	حِمَّص
Water	مَاء	Pepper	فِلْفِلْ
Mineral water	مَاء مَعْدَنِيّ	Pitta bread	خُبْز عَرَبِيّ
Fruit	فَاكِهَة	Bread	خُبْز
Ice cream	الآيْس كِرِيْم	Pickles	طُرْشِيّ
Chips	رَقَائِق بَطَاطِس مَقْلِيّة / بَطَاطَا	Olive	زَيْتُوْن
Potato	بَطَاطَا	Roasted chicken	دَجَاج مَشْوِيّ
Partially riped dates	بُسْر	Turkey	دِيْك رُوْمِيّ
Riped dates	رُطَب	Fried fish	سَمَك مَقْلِيّ
Dried dates	تَمْر	Roasted ribs	ضِلْع مُحَمَّر
Papaya	بَابَايَا	Grilled meat	لَحْم مَشْوِيّ

Melon	شَمَّام	Rice	أَرُزّ
Watermelon	دُلَّاع	Salad	سَلَطَة
Orange	بُرْتُقَال	Baklava	بَقْلَاوَة
Tangerine	يُوسُفِيّ	Sauce	صَلْصَلَة
Raspberry	عُلَّيْق	Meat	لَحْم
Pomegranate	رُمَّان	Cheese	أَقِط / جُبْن
Peach	خَوْخ	Butter	زُبْدَة
Pineapple	أَنَانَاس	Carrot	جَزَر
Lemon	لَيْمُوْن	Cucumber	قِثَّاء
Guava	جَوَافَة	Onion	بَصَل
Raisin	زَبِيْب	Garlic	ثُوْم
Grape	عِنَب	Egg	بَيْضَة
Fig	تِيْن	Yogurt	رَوْب / لَبَن
Coconut	أَرْجِيْلَة	Lettuce	خَسّ
Apricot	مِشْمِش	Mustard	خَرْدَل
Mango	مَانْجُوْ	Avocado	زُبْدِيَّة
Kiwi	كِيْوِيْ	Eggplant	بَاذِنْجَان
Strawberry	فَرَاوِلَة	Turnip	لِفْت
Apple	تُفَّاحَة	Couscous	الْكُوْسْكُوْس
Pear	كُمَّثْرَى	Broccoli	الْبُرُوْكْلِي
Cherry	كَرَز	Cauliflower	قَرْنَبِيْط
Salt	مِلْح	Fish	سَمَك

Animals (حيوانات)

Ostrich (نَعَامَة)	Elephant (فِيْل)	Cheetah (فَهْد)
Lion (أَسَد)	Lion cub (شِبْل)	Lioness (لَبْوَة)
Gazelle (غَزَال)	Antelope (ظَبْي)	Giraffe (زَرَافَة)
Camel (جَمَل)	Fish (سَمَكَة)	Whale (حُوْت)
Squirrel (سِنْجَاب)	Monkey (قِرْد)	Bear (دُبّ)
Wolf (ذِئْب)	Fox (ثَعْلَب)	Goat (غَنَم)
Bull (ثَوْر)	Horse (حِصَان)	Foal (مُهْر)
Chicken (دَجَاجَة)	Rooster (دِيْك)	Hedgehog (قُنْفُذ)
Rabbit (أَرْنَب)	Cat (قِطَّة)	Kitten (هُرَيْرَة)
Dog (كَلْب)	Puppy (جَرْو)	Worm (دُوْدَة)
Butterfly (فَرَاشَة)	Bee (نَحْلَة)	Scorpion (عَقْرَب)
Spider (شَبَث/عَنْكَبُوْت)	Grasshopper (جُنْدُب)	Ant (نَمْلَة)
Bird (طَيْر)	Pigeon (حَمَامَة)	Crow (غُرَاب)
Goose (إِوَزَّة)	Owl (بُوْمَة)	Eagle (نَسْر)
Peacock (طَاوُوْس)	Parrot (بَبَّغَاء)	Hoopoe (هُدْهُد)
Snake (حَيَّة/ثُعْبَان)	Alligator (قَاطُوْر/تِمْسَاح)	Tortoise (سُلَحْفَاة)
Frog (ضِفْدِعَة)	Cow (بَقَرَة)	Donkey (حِمَار)

Transport (مُواصَلات)

Bicycle (دَرَّاجَة)

Rocket (صَارُوْخ)

Bus (حَافِلَة)

Car (سَيَّارَة) سيارة

Plane (طَائِرَة)

Ship (سَفِيْنَة)

Lorry (شَاحِنَة)

Train (قِطَار)

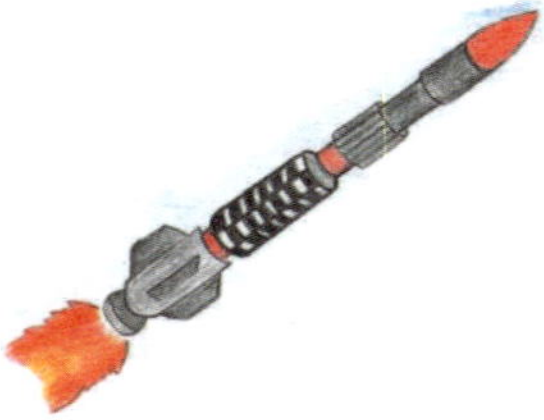

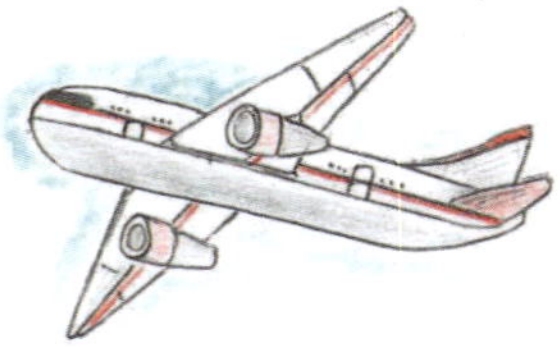

أَشْكَال وخُطُوْط Shapes/lines

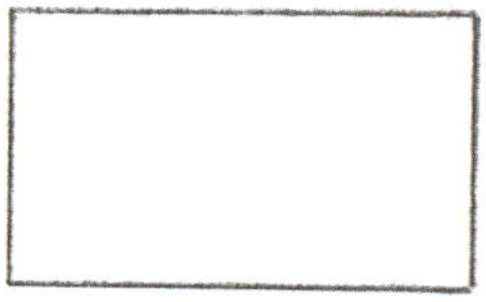 Rectangle (مُسْتَطِيْل)	 Triangle (مُثَلَّث)	 Circle (دَائِرَة)
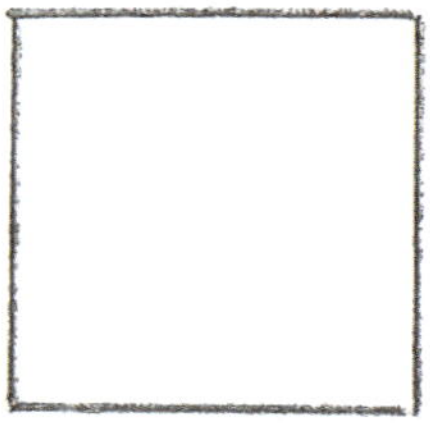 Square (مُرَبَّع)	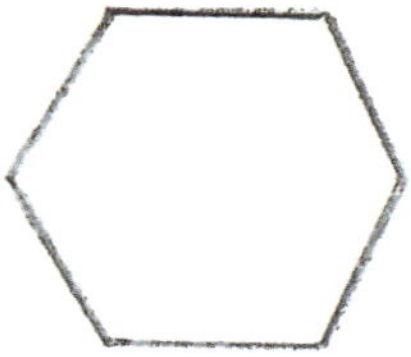 Hexagon (مُسَدَّس)	 Cresent (هِلَال)
 Star (نَجْمَة)	 Oval (بَيْضَاوِيّ)	 Heart (قَلْب)
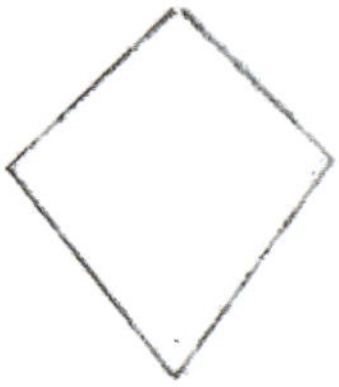 Diamond (مُعَيَّن)	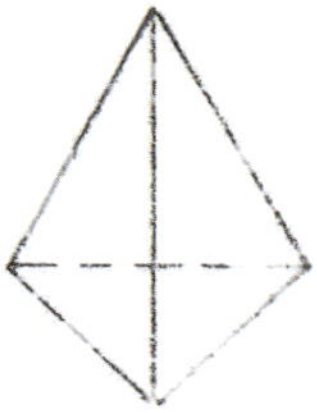 Pyramid (هَرَم)	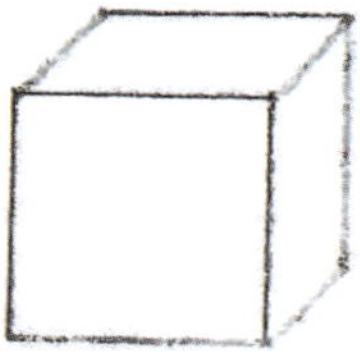 Cube (مُكَعَّب)

Cone (مَخْرُوط)	Prism (مَوْشُور)	Cylinder (أُسْطُوَانَة)
Sphere (كُرَوِيّ)	Spiral (لَوْلَب)	Wavy line (خَطّ مُتَعَرِّج)
Straight line (خَطّ مُسْتَقِيم)	Curved Line (خَطّ مُنْحَنٍ)	

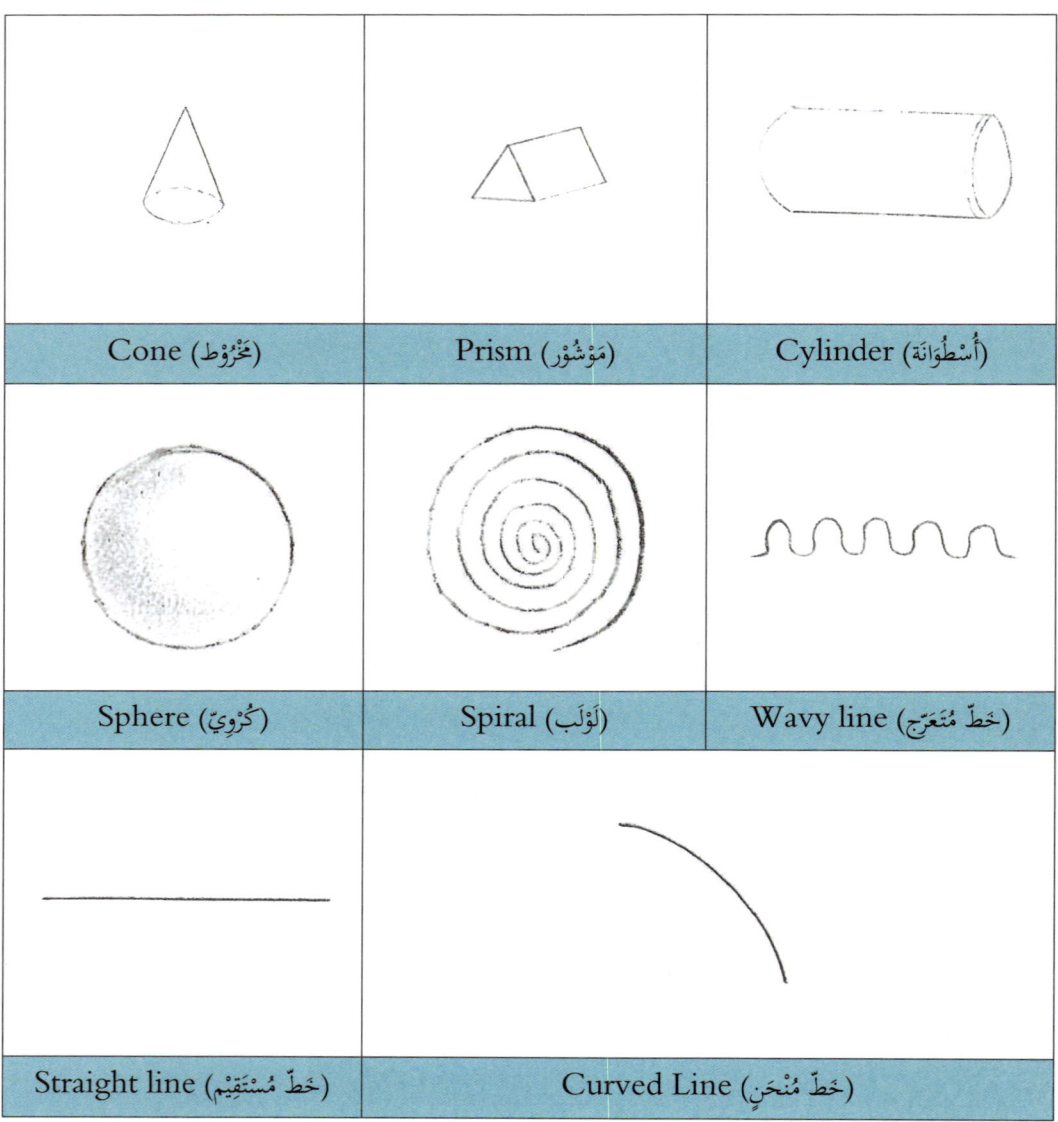

فهرس

الدَّرْسُ الأَوَّلُ 5

الدَّرْسُ الثَّانِيْ 16

الدَّرْسُ الثَّالِثُ 21

الدَّرْسُ الرَّابِعُ 29

الدَّرْسُ الْخَامِسُ 37

الدَّرْسُ السَّادِسُ 46

الدَّرْسُ السَّابِعُ 53

الدَّرْسُ الثَّامِنُ 58

الدَّرْسُ التَّاسِعُ 65

الدَّرْسُ الْعَاشِرُ 73

الدَّرْسُ الحَادِيْ عَشَرَ 82

الدَّرْسُ الثَّانِيْ عَشَرَ 85

الدَّرْسُ الثَّالِثَ عَشَرَ 92

الدَّرْسُ الرَّابِعَ عَشَرَ 107

الدَّرْسُ الْخَامِسَ عَشَرَ 114

الدَّرْسُ السَّادِسَ عَشَرَ 122

الدَّرْسُ السَّابِعَ عَشَرَ 128

الدَّرْسُ الثَّامِنَ عَشَرَ 133

الدَّرْسُ التَّاسِعَ عَشَرَ 139

الدَّرْسُ العِشْرُوْنَ 148

الدَّرْسُ الحَادِيْ وَالْعِشْرُوْنَ 156

الدَّرْسُ الثَّانِيْ وَالْعِشْرُوْنَ 161

الدَّرْسُ الثَّالِثُ وَالْعِشْرُوْنَ 166

Seasons(الْفُصُوْل) 175

State of Weather (الْحَالَةُ الْجَوِيَّةُ) 175

Months (الشُّهُوْر) 176

Family (الأُسْرَة) 177

Restaurant Menu (قَائِمَة الأَطْعِمَة) 178

Animals (حيوانات) 180

Transport (مُوَاصَلات) 181

Shapes/lines أَشْكَال وخُطُوْط 182

Other publications
of Jamiatul Ilm Wal Huda

1000 Hadith for Memorisation (in Arabic with English translation)

This book is a compilation of a 1000 authentic narrations of Prophet Muhammad PBUH from the six famous books, it is designed in chapter form. The book has originally been created for memorisation, yet it can be useful for general reading as well. The 1000 narrations have been translated into easy flowing English, easily understandable for all. A book that would not only be of great benefit in the classroom environment, rather it will be very useful for study circles and daily reminders at home as well. In sha Allah.

Usool al-Hadith (in Arabic)

This book is aimed at teaching Usool al-Hadith to an intermediate level; in an easy format. It is filled with tables and flowcharts; this style has been adopted to make the subject as easy as possible to understand. Furthermore, flowcharts have been added at the end of the book which covers majority of the subject.

Mantiq (in Arabic)

This book is aimed at teaching the classical Mantiq (logic) terms to an intermediate level; in an easy format. It is filled with tables and flowcharts; this style has been adopted to make the subject as easy as possible to understand. Furthermore, flowcharts have been added at the end of the book which covers majority of the subject.

Zahratun Nahw (part 1)

This book is designed for teaching Nahw (Arabic syntax) for the beginner level. It has adopted a very simple style with very simple terms indicated. The depth of the subject has been avoided; aiming to consolidate the very basics of grammar for the learners.

Hidayatun Nahw (with Q&A in English)

The book Hidayatun Nahw is a book taught in many places for intermediate level Nahw. However, due to its complex text, many readers find many parts of the text difficult to solve. Therefore, for the English speaking readers, this book was designed with the intention of making the complex text of the book easier for understanding. Hence, the English question & answers do not go into much detail beyond the content of the book; it is more based on solving the book.

Qisas an-Nabiyeen (part 1-4)

Qisas an-Nabiyyeen is a compilation of short and entertaining stories about some of the Messengers. It was written by Shaykh Abul Hasan Ali an-Nadwi for students starting to learn the Arabic language. The Jamiatul Ilm Wal Huda publication has the original text with an addition of over 2500 words of Arabic vocabulary with English and Urdu meanings.

Qisas an-Nabiyeen (part 5)

Qisas an-Nabiyyeen is a compilation of short and entertaining stories about some of the Messengers, part 5 is dedicated to the final Prophet, Muhammad. It was written by Shaykh Abul Hasan Ali an-Nadwi for students starting to learn the Arabic language. The Jamiatul Ilm Wal Huda publication has the original text with an addition of over 1300 words of Arabic vocabulary with English and Urdu meanings. Further, this publication has added footnotes of certain names and events and added additional Seerah information at the end of the book.

Das Sabak (in Urdu & English)

The book Das Sabak is a book taught in many institutes as a beginners guide for Arabic learning. The book covers ten very important topics of Arabic grammar; allowing the students to become equipped with the foundation before enhancing to intermediate level. The book was designed to make translation of the Qur'an easier for beginners; covering most words up to half of the first para. However, as the book was written in Urdu, it became hard for the English speaking audience to take benefit from the book; hence, the need arose to make a parallel English version of the book. The Urdu has been kept within the book, with explanatory English notes for each chapter.

A Comprehensive Guide To Tajweed

This book is aimed at teaching enhanced level Tajweed according to the recitation of Imam Hafs. Many simple books have been written in the English language on the subject of Tajweed; however, most were restricted to the beginner's level. Hence, the need arose to compile a book of advanced level which would enable the English speaking audience to learn detailed Tajweed directly from an English source. This book will allow the reader to straight away solve many of the detailed books of Tajweed within the Arabic language. It may even prove to be a commentary for many of the Arabic texts.

Training the Students of Sacred Knowledge (in English)

This book is aimed at teaching the students of the sacred knowledge the etiquettes of studying. This book *Riyāḍat al-Muta'allimīn* is indispensable and beneficial especially for students of knowledge and teachers. Imam Ibn al-Sunnī outlines the etiquettes and guidelines for students and teachers, the methods of teaching and learning, and the different sciences that should be acquired. This compilation has translated the original work in a reader friendly manner, mentioning the approximately 300 etiquettes with proofs from narrations.

Durus al-Lughah al-Arabiyyah (part 2)

Durus al-lughah al-Arabiyyah is a book taught in many institutes as a beginners/intermediate guide for Arabic learning. Book 2 covers 31 important chapters of Arabic grammar, language and literature; allowing the students to become equipped with the foundation/intermediate before enhancing to higher level. The book was designed specifically for non-Arab students intending to learn basic writing, reading and speaking skills within modern-day Arabic. This publication explains the core lessons and meanings of each chapter in English, along with additional notes at the end of important modern-day Arabic words not covered within the original book.

Al-Muqaddimah al-Jazariyyah

Al-Muqaddimah al-Jazariyyah is a compilation of tajweed rules by Shams al-Din al-Jazari in over 100 poems. The Jamiatul Ilm Wal Huda publication has the original text with an addition of English translation/explanation; allowing readers to easily understand the Arabic lines.

Suwar min Hayat as-Sahabiyyaat

Suwar min Hayat as-Sahabiyyat is a compilation of short and entertaining stories about eight female Companions. It was written by Shaykh Abdul Rahman Ra'fat al-Pasha for students starting to learn the Arabic language. The Jamiatul Ilm Wal Huda publication has the original text with an addition of over 1000 words of Arabic vocabulary with English and Urdu meanings; also, a brief of each female scholar in the English language.

A preview of these books can be viewed by visiting the following link:

http://www.jamiah.co.uk/achievements/jamiah-publications/